COLLECTION GRAND IN-4° ILLUSTRÉE

ROMANS DE PIGAULT-LEBRUN

SANS SOUCI

PRIX

75 CENT.

—

PAR

Poste et Étranger

1 FR.

...

TOUS

LES ROMANS

Pigault-Lebrun

Seront publiés

...

ce format

PARIS

LIBRAIRIE A. DEGORCE-CADOT, 9, RUE DE VERNEUIL

ET CHEZ TOUS LES LIBRAIRES DE FRANCE ET DE L'ÉTRANGER

On prit congé du petit abbé. (page 20).

Estelle et Valentin montent en fiacre. (page 27.)

rapporteuse, et Valentin un petit scélérat qu'il fallait à l'instant même renvoyer à son collège. Madame n'avait pas d'excellentes raisons à donner pour empêcher Valentin de dîner; mais elle pleura, et femme qui pleure a toujours raison... auprès de certains maris.

Cependant la dispute continuait, et prenait un caractère aigu... des injures, les jeunes gens en arrivaient aux coups, puis les injures et les récriminations reprenaient le dessus, c'était un vacarme infernal.

Le président voulait faire faire le silence, et de sa plus grosse voix criait à tue tête : Mais taisez-vous donc, vauriens ! vous me rendez sourd !

Madame, qui avait fini de pleurer, mêlait ses cris à ceux de son mari, tandis que Saint-Jean regardait tout le monde d'un air ébahi, et semblait se demander s'il n'était pas dans une maison de fous.

Le président fit au domestique un signe très-impératif. Saint-Jean prit le bras de Valentin, et Valentin sortit en protestant qu'il ne travaillerait pas s'il ne devait plus voir Estelle. Saint-Jean lui fit faire une pause à l'office et, bras

dessus, bras dessous, comme deux bons amis, ils arrivèrent à Sainte Barbe.

La violence de la scène du dîner avait mis Valentin hors de lui, son imagination exaltée cherchait à trouver le moyen de revoir Estelle, et pendant tout le trajet de la maison au collège, il se torturait l'esprit pour parvenir à son but.

Il voulait se sauver, mais il était certain qu'on le reconduirait à la pension après l'avoir sévèrement grondé, et qu'à l'avenir on le surveillerait encore de plus près.

A force de chercher, l'idée lui vint de se faire renvoyer du collège à force de mauvaise conduite et de mauvaise volonté. Pour cela, se disait-il, je n'ai qu'à ne pas vouloir travailler.

— Viens avec moi, Saint-Jean, je vais parler à M. le principal, et tu rendras mot pour mot ce que je lui aurai dit.

— Monsieur, mon devoir de demain est fait, et je vais le mettre en pièces. Je n'irai plus en classe et, si on m'y traîne, j'y transformerai mon rudiment et mon dictionnaire en boulettes; si on me punit, j'en rirai; si on me chasse du collège, je reverrai Estelle. Mon parti est pris, prenez le vôtre.

Le principal, étourdi de cette harangue, tira Saint-Jean à part et lui en demanda l'explication. Quand il connut les détails, il jugea que Valentin avait moins de tort que ses parents; il se confirma dans l'opinion que jamais on ne réduirait cet enfant que par la douceur. Il lui recommanda de ne pas déchirer son devoir; il lui promit qu'il reverrait Estelle, et il écrivit au président qu'il fallait seulement changer le lieu de la scène, et que, puisque la présidente douairière dînerait chez lui le dimanche, il fallait, le jeudi, faire dîner Valentin chez elle, avec Estelle, pour qui il ferait tout.

L'intervention de madame Duplant n'étant pas d'absolue nécessité dans cette négociation, le président, qui vraiment affectionnait Valentin, accepta, sans balancer, les propositions du principal, et il se reposa sur sa femme du soin de garder Hippolyte le jeudi et de garantir sa fille de ses persécutions pendant la semaine. Il connaissait peu le cœur humain : une femme tient faiblement à son enfant quand elle en a totalement oublié le père, et bientôt Estelle ne compta plus de jours heureux que les jeudis.

Mais le jeudi on l'attendait dès le vendredi précédent. Valentin travaillait avec opiniâtreté et il voyait le jeudi dans chacun des éloges qu'il obtenait. Estelle oubliait ses chagrins de la journée en pensant que le jour écoulé la rapprochait de Valentin.

Insensiblement, M. Duplant éprouvait pour Estelle, non la dureté, mais l'indifférence que sa femme avait pour Valentin. Il est des choses qu'on n'aime pas à se dire, mais qu'on sent fort bien; Le président se conduisait en homme qui ne devait pas plus à la fille de madame, que madame au fils de son mari. Devenu tout à fait indifférent sur le sort d'Estelle, toutes les affections de la présidente étant réunies sur Hippolyte, la pauvre petite resta sans appui. Ces enfants de l'amour, on les fait avec tant de plaisir! comment peut-on les oublier sitôt?

Valentin faisait des progrès rapides; Il enlevait tous les prix et ne faisait point de jaloux : ses camarades avouaient de bonne foi sa supériorité. Le sentiment qui l'attachait à Estelle croissait avec l'âge, et il en attendait le bonheur de sa vie, Estelle lui accordait le plus tendre retour. Mais, quelque vif que fût son attachement, il ne balançait pas toujours les chagrins cuisants auxquels elle était en proie. Sa raison se développait; elle ne comprenait rien à la froideur que lui marquaient ses parents, à l'indulgence qu'ils avaient pour Hippolyte. L'espèce d'abjection dans laquelle on la tenait lui parut enfin insupportable, et elle pria madame Duplant de lui faire terminer son éducation dans un couvent.

La présidente fut enchantée d'une proposition que peut-être elle n'aurait pas tardé à faire elle-même. Elle en parla à son mari, qui trouva qu'Estelle pensait en fille raisonnable. Il est à présumer, ajouta-t-il, que le goût du cloître lui viendra; il faut tâcher de le faire naître, et, pour cela, il sera bien de mettre cette petite fille dans une maison agréable. Dès le lendemain, on conduisit Estelle à l'Abbaye-aux-Bois.

La pauvre enfant fut étonnée de la promptitude avec laquelle on se rendait à ses désirs. Elle pressentait que, sans s'en douter, elle était entrée dans les vues de ses parents et qu'on l'oublierait dès qu'on ne la verrait plus. Valentin se retraça à sa mémoire et elle demanda, en partant pour le couvent, que le seul jour de bonheur dont elle jouissait dans la semaine ne lui fût pas ôté. C'est chez la bonne maman que se passait le jeudi; M. et madame Duplant n'en

avaient pas l'embarras, et la grâce demandée fut obtenue avec facilité.

Quel fut l'état de Valentin lorsque, le jeudi suivant, il apprit qu'Estelle était au couvent! Les amoureux ont, je ne sais pourquoi, la mauvaise habitude de mettre tout au pis et de croire, sans restriction, tout ce qu'ils craignent. Valentin s'écria qu'on voulait faire Estelle religieuse. Estelle, à qui cette idée n'était pas venue encore, l'adopta à l'instant. Ils s'embrassèrent, comme on s'embrasse quand on s'aime fort bien, et ils pleurèrent ensemble, ce qui, dit-on, est fort doux.

Valentin n'était pas un garçon à rester longtemps dans cet état apathique. Il se leva, prit un air menaçant, frappa le parquet du pied, menaça du poing la voûte azurée et jura que, si on osait contraindre Estelle, il ne laisserait pas pierre sur pierre dans le couvent et qu'il enlèverait son amie à travers les décombres; Et aussitôt, éclatant de rire et prenant la main d'Estelle : — Bah! bah! lui dit-il, profitons du bon temps; ne nous occupons pas de ce qui peut arriver. Après tout, pour être religieuse, il faut dire oui; tu diras non, et qu'on arrivera-t-il? Le président se fâchera, je crierai plus haut que lui. En attendant tout cela, pensons que c'est aujourd'hui jeudi, et vive la joie!

Une bonne idée ne va guère sans une autre. La clôture d'Estelle fit penser à M. Duplant que l'état militaire, auquel il destinait Valentin, n'enrichit pas facilement, et qu'il faudrait ajouter longtemps à la modicité des appointements. Le président était assez proche parent d'un prélat, qui aimait que son clergé représentât, et qui, par cette raison, donnait toujours les bénéfices à ceux qui pouvaient s'en passer. Il félicita le président sur la vocation réelle ou imaginaire de Valentin, Il promit le premier bénéfice simple qui viendrait à vaquer, et, pour en manger dignement le produit, l'enfant n'avait qu'à prendre un habit noir et à se laisser couper une pincée de cheveux.

Six mois s'écoulèrent avant que monseigneur pût disposer d'un canonicat, Mais, un certain jour, le président se rendit à Sainte-Barbe, et il notifia à Valentin qu'il fallait renoncer au plumet pour prendre le petit collet. Valentin rit comme un fou. Il dit qu'il n'avait aucun goût pour l'état ecclésiastique, et qu'il voulait l'habit uniforme qu'on lui avait promis. Le président répondit qu'on eût à se soumettre à sa volonté, ou qu'il retirerait ses bienfaits. Valentin répliqua qu'une affaire de cette importance valait bien qu'on y pensât vingt-quatre heures, et que, le lendemain, il donnerait une réponse définitive.

Quand il fut rentré dans sa chambre, il s'assit sur son lit, et commença par se frotter les mains. Un preneur de tabac eût tiré sa tabatière; cela donne des idées.

— Allons! dit-il, ils veulent nous séparer, Estelle et moi, et ils en auront le démenti. Cependant il faut vivre, et une tonsure n'engage à rien. Ma foi, je serai chanoine, jusqu'à ce que je veuille être autre chose. L'abbé de Merville! oui, ce nom-là sonne bien, et ma figure ne s'accorde pas mal avec le nom. Le président cédera quelque chose pour obtenir le tout. Je lui dirai que je suis en rhétorique; et qu'un rhétoricien sait se conduire; qu'en conséquence, j'entends toucher mes revenus et en faire ce qu'il me plaira. J'économiserai; j'aurai toujours cent louis en réserve. Avec cela on va loin; et le jour où il faudra entrer dans les ordres ou celui de la profession d'Estelle... eh bien, nous verrons.

Le lendemain, il écrivit au président :

« Monsieur,

« Vous êtes trop bien éclairé sur ma vocation pour que je puisse la combattre. Je suis disposé à m'agenouiller devant monseigneur; mais je vous prie de remarquer que les mains profanes ne peuvent, sous aucun prétexte, toucher aux revenus de l'Église, et que j'aurai seul le droit de disposer du mien. Si vous êtes pénétré de la force et de la justesse de mon observation, je suis à vos ordres. »

La tournure de cette lettre parut peu respectueuse; mais elle décidait de l'objet essentiel. La présidente dit à son mari que le bénéfice de Valentin allait le mettre dans une sorte d'opulence, et que, tranquilles sur son sort à venir, on ne devait plus s'en occuper. Elle ajoutait que, s'il se conduisait mal, on lui prouverait, la lettre à la main, qu'il n'avait droit à aucun secours. Le président n'était plus jeune; il commençait à craindre toute espèce d'embarras. Son cœur ne lui disait plus rien pour Valentin; il lui envoya ce billet laconique :

« Vous toucherez vos revenus; faites-en un bon usage. Demain, je vous enverrai mon tailleur. Après-demain, je vous présenterai à monseigneur. »

Le canonicat était de mille écus. Valentin fut ivre un moment de ses incalculables richesses. Parbleu! s'écria-t-il tout à coup, je suis un grand sot! Combien de faquins n'ai-je pas vus à l'hôtel, et dont tout le mérite était dans leur fortune? A combien de ces gens-là ne tournerait-on pas le dos, s'ils n'avaient leurs poches pleines d'or! On les accueille, on les caresse, on leur marque de l'estime, sans savoir s'ils le méritent ou non. Tout s'achète donc à présent, jusqu'à la considération... Eh, mais ma fortune ajoutera à celle que je mérite personnellement. Je serai vraiment un personnage recommandable, et les égards dont on me comblera seront partagés par Estelle... Que je suis simple, moi! je ne l'épouserai pas tant que je serai chanoine. Eh bien, je me décanoniserai quand le moment sera venu, et avec mes épargnes... Oh! c'est charmant, c'est charmant!

Le président avait toujours été très exact à tenir sa parole, et il poussait l'exactitude jusqu'au rigorisme quand son intérêt l'y portait. Au jour, à l'heure convenus, son carrosse était à la porte de Sainte-Barbe, et il fit dire à M. de Merville qu'il l'attendait. Valentin avait pris son nouveau costume, et il ne se lassait pas de se regarder dans son petit miroir. En effet, c'était bien le plus gentil petit abbé!... En quatre sauts, il passa de sa chambre dans le carrosse du président, et bientôt on descendit chez monseigneur.

Cinq à six espiègles de l'âge de Valentin, vêtus, comme lui, avec une riche simplicité, attendaient que le prélat parût. C'étaient autant de chanoines et de chapelains, qui n'avaient besoin ni de chapelles ni de canonicats. Monseigneur agit en homme de cour, avec cette noble aisance, ces manières expéditives que donne l'usage du très grand monde. La cérémonie fut terminée en un quart d'heure, en y comprenant le temps nécessaire au débit d'une instruction pastorale, débitée d'un ton qui n'annonçait pas une persuasion très intime. En sortant de chez le prélat, le président mit Valentin dans un fiacre, qui le reconduisit à Sainte-Barbe.

CHAPITRE III

Le loup dans la bergerie. — Festin de Balthazar, le juel mène Valentin tout droit à Saint-Lazare. — Ne pouvant faire mieux, Monsieur San-Souci présente docilement son postérieur au Frère fouetteur. — Retour du loup dans la bergerie. — Saint Augustin, dans sa béatitude, ne se doute pas qu'il fût librettiste d'opéra comique — On ne sait pas au juste jusqu'où Estelle et le petit Abbé poussent l'émancipation. — Où une once de tabac joue un rôle important. — Nos amoureux sont sauvés!

Le jeudi suivant, Valentin, paré de sa jeunesse, de ses petites grâces et de ce que son nouveau costume a de plus recherché, courut se présenter à Estelle, qui fondit en larmes en le voyant. — Ah! s'écria-t-elle, tu as pu prendre cet habit? — Il n'en est pas de plus avantageux. — Il nous sépare, — Il nous rapproche. Et là-dessus les questions, les interpellations, les explications, la satisfaction, la réconciliation, et tout ce qui s'ensuit... d'honnête, bien entendu.

Comme une réconciliation ajoute à la tendresse, que la tendresse est toujours soumise à l'imagination, et que l'imagination ne s'arrête jamais, nos jeunes gens regrettèrent qu'il n'y eût qu'un jeudi par semaine, et ils résolurent d'en faire un second du dimanche. Toutes les grilles possibles doivent s'abaisser devant un petit collet et un manteau court, et Valentin ne doutait pas que les religieuses le reçussent avec empressement au parloir. Estelle se promit de prendre un air plus réservé, de baisser les yeux davantage, et d'être très attentive aux offices, afin de gagner la confiance de madame la supérieure. Elle était très liée avec madame la dépositaire, jeune religieuse dont les parents avaient un air de vocation pour elle, et se ferait un plaisir de fournir la pâtisserie, les confitures et les sirops, quand Valentin viendrait au couvent.

La présidente douairière était sourde. Elle faisait quelques questions quand elle voyait rire ou pleurer, On y répondait bien ou mal; elle n'entendait pas, et elle reprenait son Gil Blas, qu'elle lisait pour la centième fois, ce qui prouvait qu'elle était consciencieuse.

La mère Sainte-Rose aimait beaucoup Estelle, et se sentait assez de disposition à faire la collation le dimanche avec un joli petit abbé; mais il fallait que tout fût disposé d'après les règles invariables du couvent; il fallait surtout ne pas marquer trop d'empressement à la supérieure, dont le consentement était d'absolue nécessité. Oh! et on pouvait lui inspirer le désir de voir le petit abbé, et l'idée de l'admettre le dimanche! plus de permission à demander, plus de réprimandes à craindre; si plus tard il survenait quelques abus, on pourrait répondre à tout : Madame, vous l'avez voulu.

Tout cela n'était pas mal calculé pour une nonnette de dix-huit ans. Estelle, qui n'en avait que quinze, était pourtant assez avancée pour sentir la justesse et la profondeur d'une telle conception. Qu'est-ce donc que l'esprit féminin? C'est ce que nous ne connaissons pas trop, messieurs, quoi que nous puissions en dire. Ce qu'il y a de certain, c'est qu'il se développe longtemps avant le nôtre, et qu'il se soutient dans toute sa force à un âge où, très ordinairement, notre imagination est éteinte. Cet esprit-là vaut-il

mieux que le nôtre ! Voilà une question que je n'entrepren-
drai pas de résoudre, mais qui pourrait donner lieu à une
dissertation métaphysique assez volumineuse pour ruiner
un libraire.

Dès le vendredi, en sortant des matines, la petite Sainte-
Rose parla à madame du petit abbé, mais d'une manière
assez vague. Le feu de la curiosité s'allumait aisément dans
les cloîtres. Madame multiplia les questions. Sainte-Rose
s'étendit un peu sur la naissance, la piété et les agréments
de l'abbé de Merville. Madame, heureuse de trouver l'occasion de varier ses conversations claustrales, interrogea
encore. Sainte-Rose feignit d'ignorer les détails, et renvoya
madame à Estelle. Estelle, qui était préparée, fit d'une
étincelle un incendie.

                    Désir de nonne est un feu qui dévore,

a dit Gresset. Il fallait à madame un prétexte honnête
pour céder au sien. Elle connaissait les vues de la présidente sur Estelle; le projet de la cloîtrer était encore un
secret pour tout le monde, et sa vocation ne paraissait pas
décidée. N'était-ce pas une action louable d'entreprendre
de la déterminer par la force de l'exemple ? Un enfant avec
qui elle avait été élevée, pour qui elle avait une sincère
amitié, et qui de bonne foi, et dans sa première jeunesse,
renonçait aux vanités du monde, n'était-il pas fait pour
l'entraîner? Et puis, le petit collet lui allait si bien ! disait-on. Ne serait-il pas tout simple qu'Estelle réfléchît
que la guimpe a aussi sa coquetterie! Et qui sait jusqu'où
peut mener cette idée-là?

Pour la première fois, Estelle laissa échapper quelques
mots qui indiquaient un certain penchant à la piété, et déjà
madame avait remarqué qu'elle n'avait plus de distraction
aux offices. Estelle donna à entendre, d'une manière dé-
tournée, que M. l'abbé pouvait disposer d'une partie du
dimanche, et madame résolut de l'inviter à venir au parloir.

Cependant, comme la vie monastique n'ôte pas la vanité,
et que madame avait celle de connaître parfaitement les
usages du monde et les convenances, elle écrivit à la présidente une longue lettre dans laquelle elle développait ses
vues, et qu'elle terminait en lui demandant son assenti-
ment.

Madame Duplant répondit qu'à la vérité M. de Merville
devait entrer dans les ordres, mais que jusqu'alors il n'avait
pas donné une idée bien positive de sa piété; qu'au surplus,
puisqu'il voyait Estelle le jeudi, elle ne voyait pas d'inconvénient à ce qu'elle le reçût le dimanche.

Ils s'aiment, pensait la présidente. Mais que cette incli-
nation-là croisse ou s'éteigne, ils seront toujours obligés de
céder à notre volonté, et le temps les ramènera, tôt ou
tard, à ce calme qu'il finit toujours par produire : j'en sais
quelque chose.

Madame la présidente avait quarante ans, et Estelle
quinze; il était clair que la belle maman en avait passé
vingt-cinq dans la dissipation et quelques-uns à tromper
son mari. Mais se souvient-on de ces choses-là quand on
est intéressé à les oublier ! D'ailleurs, quand on se jette dans
la réforme, qu'importe que ce soit plus tôt ou plus tard !
Le passé n'est-il pas éteint ? Et qu'en reste-t-il ? qu'un vain
souvenir.

Estelle aurait pu répondre : Madame, quand j'aurai vingt-
cinq ans, je penserai comme vous. Laissez-moi jouir des
dix années qui doivent s'écouler d'ici là. Si je voulais dis-

cuter, je vous prouverais que vos jouissances se sont étendues bien plus loin par l'amour de hasard, que le président
et vous avez eu la fantaisie ou le bon esprit de prendre l'un
pour l'autre. Mais Estelle n'avait garde de parler de tout
cela, par la raison qu'elle n'en savait rien.

Madame la supérieure avait dans sa pénétration une confiance absolue. Elle ne doutait pas qu'elle ne lût au premier coup d'œil dans l'âme du petit abbé, et les doutes de
la présidente sur sa piété la disposaient à le juger favora-
blement sous tous les rapports : une religieuse, comme une
autre, tient à son opinion, et souffre difficilement qu'on
veuille en déterminer la direction. En conséquence, le dimanche matin, M. l'abbé reçut de madame un billet fort
bien tourné qui l'invitait à paraître à la grille immédiatement après les vêpres.

Le billet avait quelque chose de mystique qui égaya
beaucoup le petit abbé, et quand il entra au parloir, il avait
la bouche riante et le maintien aisé. Son premier coup
d'œil, son premier mouvement furent pour Estelle; il trouva
ensuite Sainte-Rose très jolie, et il jugea que madame
avait pu être très bien il y avait trente ans. Le petit collet
donne de l'assurance; aussi l'abbé ne marqua point le
moindre embarras.

Madame le regarda par devant, par derrière, lui fit
cent questions, auxquelles elle ne lui donna pas le temps
de répondre, et finit par le proclamer un enfant charmant.

Madame voulut ensuite l'examiner sur ses connaissances
théologiques. Elle lui parla des Pères; elle lui fit des citations en latin qu'il n'entendait pas, et proposa des difficultés qu'elle n'aurait pu résoudre. Valentin ne connaissait
aucun des grands hommes dont lui parlait madame, et il
n'entendait rien à son galimatias. Mais ce n'était pas un
garçon à rester court. Il parlait, il parlait... et quand il
commençait à s'embrouiller, il se jetait sur un chant de
l'Énéide, une ode d'Horace ou une satire de Juvénal, et il
ne revenait au français que lorsqu'il avait eu le temps de
classer quelques idées. Il finit par réciter la mort de Didon
avec tant d'onction et de sentiment, que madame le bénit,
en déclarant que ce jeune homme serait un des flambeaux
de la foi.

M. le chapelain de la communauté parut, et on servit
aussitôt une superbe collation. M. le chapelain était un
heureux bénéficier, qui observait scrupuleusement les bien-
séances de son état, mais qui n'était pas rigoriste. Il trouvait l'abbé de Merville fort à son gré, et, sans partager la
haute opinion que madame s'était faite de lui, opinion que
sa jolie figure avait peut-être singulièrement contribué à
former, il le combla d'amitiés. Valentin sentit la nécessité
de se mettre de mieux en mieux dans l'esprit de cet
homme-là, et il lui marqua toutes sortes d'égards. Le bon
chapelain, enchanté, proposa à madame de faire entrer le
jeune abbé les jours de grande fête et de l'admettre à l'aide
à l'autel. Madame n'avait rien à refuser au chapelain. Il fut
arrêté que, dès le lendemain, on s'occuperait des habits de
chœur nécessaires au petit abbé pour faire le sous-diacre.
Estelle et Sainte-Rose s'écrièrent qu'elles y travailleraient,
et Estelle demanda si la première grande fête était encore
bien éloignée.

On aurait gardé Valentin pendant quelques heures encore; mais l'office du soir sonnait, et madame devait donner l'exemple. On prit congé du petit abbé, en l'invitant à
ne pas se faire attendre le dimanche suivant.

En sortant, Valentin trouva le tour garni de confitures,

de sirops et de liqueurs fines. La tourière avait eu la prévoyance d'aller chercher un fiacre, qu'elle garnit des provisions de l'abbé. L'abbé lui glissa un petit écu dans la main, et la tourière partagea aussitôt la bonne opinion que madame avait conçue de lui.

Qu'il est fâcheux que l'homme ne sache pas s'arrêter à propos! On a vu plus d'un conquérant perdre tout pour avoir voulu trop gagner. Ainsi Valentin, gorgé de biscuits, de massepains, de bonbons et de vin muscat, voulut étendre ses jouissances dans la nuit. Sept à huit camarades furent invités à se glisser dans sa chambre quand tout le monde serait retiré, et il prêtait une oreille attentive afin de tout entendre. Les éclats de rire qui suivaient le refrain de la chanson lui indiquèrent la chambre de l'infracteur aux règlements de la maison.

Il est difficile à sept ou huit têtes de quinze à seize ans de jouir en silence. Les liqueurs exaltèrent les esprits, et le beau chanteur de la troupe commença une chanson qui n'avait rien de canonique.

M. le gâcheux, fidèle exécuteur de sa consigne, se promenait dans les corridors en chaussons de lisière pour n'être pas entendu, et il prêtait une oreille attentive afin de tout entendre. Les éclats de rire qui suivaient le refrain de la chanson lui indiquèrent la chambre de l'infracteur aux règlements de la maison.

Il frappa moelleusement à la porte de l'abbé de Merville, ce qui n'empêcha pas la bande joyeuse de pâlir, le petit abbé excepté : l'aiguillon du plaisir pouvait seul émouvoir celui-là. Il fut ouvrir, et, de l'air le plus aimable, il invita M. le gâcheux à prendre la place qui restait encore sur son lit.

Le gâcheux répondit à l'invitation par une mercuriale, en façon d'homélie, qui eût pu durer trois quarts d'heure, si son auditoire, remis de sa première frayeur et encouragé par l'exemple de Valentin, ne lui eût ri au nez. Outré de cette irrévérence, le gâcheux protesta qu'il allait éveiller deux cuistres de cuisine et faire enlever solides et liquides. A cette menace, Valentin prend son parti. Il roule avec ses camarades son lit contre la porte; on pousse le gâcheux dans le fond de la chambre, et on lui propose de partager le réveillon. Le gâcheux, qui, dans toute autre circonstance, eût accepté la proposition avec joie, la rejette avec la dignité qui convient à son emploi. — Eh bien, lui dit Valentin, vous serez témoin, puisque vous ne voulez pas être acteur. Et on mange, et on boit, et, persuadé qu'on n'a rien de plus à redouter, on continue la chansonnette, on berne, on bafoue M. le gâcheux.

On ne se doute pas qu'avant de frapper à la porte, il a tiré le cordon de la sonnette d'alarme, et qu'il n'a parlé que de deux valets pour qu'on ne pensât point à se mettre en état de siège; et, en effet, que peuvent deux pauvres diables contre un détachement de rhétoriciens? Il n'y a pas là de quoi les alarmer. Les quolibets et les rasades se succédaient rapidement, lorsque tous les marmitons et les garçons de chambre de Sainte-Barbe arrivent armés de leviers et de bâtons. Dirigés par le bruit, ils font sauter en un moment les panneaux de la porte de l'abbé, et ils entrent par dessus et par dessous le lit.

— Messieurs, dit Valentin à ses camarades,

La valeur n'est valeur qu'autant qu'elle est utile,

a écrit Piron, et nous serions des imbéciles de nous faire assommer sans nécessité. Proposons à l'ennemi de capitu-

ler. — Pas de condition, s'écrie le gâcheux; qu'on se rende! — A discrétion? — A discrétion.

L'abbé représente à ses camarades que la plus mauvaise affaire a toujours un bon côté; que M. le gâcheux leur épargne à tous une indigestion qui était inévitable; que, pour les suites de leur fredaine, il n'y a qu'à mettre tout au pis pour avoir lieu de se féliciter du dénoûment. A un signal du gâcheux, on enlève nos espiègles, on les enferme bien exactement dans des chambres dont les portes sont à l'épreuve des coups de genou et même du bélier antique, et gâcheux et goujats viennent se jeter sur ce qui restait des dons de madame la supérieure, et font tout disparaître en un moment.

Valentin était plus pressé de dormir que de songer au lendemain. Il ne fit qu'un somme jusqu'à l'heure où on vint lui apporter l'ordre de comparaître par-devant M. le principal.

Ce chef suprême était doux, mais juste et ferme quand les circonstances l'exigeaient, et Valentin, qui avait des idées de justice et de subordination, répondait à chacun des reproches qui lui étaient adressés : — Vous avez raison, monsieur le principal. Le principal le menaça de la colère du président et du prélat qui l'avait nommé à un canonicat. — Oh! leur colère passera, monsieur le principal. — Mais les effets en seront peut-être sérieux. — Je les supporterai, monsieur le principal. — Retournez en classe, monsieur, et reprenez vos travaux ordinaires. — C'est une bonne pâte d'homme que ce principal, pensait Valentin en se retirant.

Les choses paraissaient avoir repris leur cours habituel, et, le mercredi soir, Valentin jouissait, par anticipation, du bienheureux jeudi, lorsqu'on vint lui dire qu'on le demandait au parloir. Le petit abbé y trouve un inconnu qui l'invite à le suivre, et l'abbé recule au lieu d'avancer. Cinq à six grands drôles sortent d'une chambre voisine, s'emparent de sa personne, le portent dans un fiacre et le conduisent tout droit à Saint-Lazare. — C'est fort bien, se dit Valentin, au moins la maison est honnête, on aurait pu me traiter plus mal. Mais mes jeudis! mais mes dimanches! Et Estelle! Bah! bah! quand je sortirai d'ici, je serai plus sensible au plaisir de la revoir. Et la supérieure, que va-t-elle penser de moi? Ma foi, tout ce qu'il lui plaira!

Il y avait là un geôlier en chef qui se faisait pompeusement appeler M. le préfet. Quand Valentin comparut devant lui, il lui demanda ce qu'il fallait faire pour vivre là en paix avec tout le monde. Le préfet répondit à sa question en lui faisant lire les règlements de la maison. Valentin, qui voulait en sortir, se promit de faire ce qu'il fallait pour cela.

Il demandait à M. le Préfet des livres de piété, qu'il ne lisait pas; du papier pour composer des sermons, qu'il comptait bien débiter un jour, et il faisait pour vivre une épître à sa prison, où on a tout le temps de penser à ce qu'on aime, une romance sur les douceurs de l'oisiveté. Il allait à la messe tous les jours, et il était impossible de voir si ses yeux étaient noirs ou bleus. Il était au mieux dans l'esprit de M. le Préfet, ce qui ne l'empêchait pas d'être soumis à certain usage de la maison, qui n'était pas sans désagrément. Les pensionnaires de Saint-Lazare qui n'étaient pas adultes recevaient matin et soir la visite de trois frères, dont l'un portait une fraction de balai; le second prenait le patient par le bras et le jetait sur son dos; le troisième était fort expert dans l'art de faire sauter un bouton. Valentin comptait trente coups et remerciait très-gravement ces messieurs de ne pas lui en avoir donné soixante. On ne parlait dans la maison que de la résignation du petit abbé.

Tant de vertus devaient enfin avoir leur récompense. Le seizième jour, au matin, M. le préfet le fit descendre, l'exhorta à se mieux conduire à l'avenir.à l'égard de M. le gâcheux, et lui notifia qu'il était le maître de retourner à Sainte-Barbe. Il ne se le fait pas dire deux fois; il prend sa course et se dirige, non vers le collège, on n'est pas pressé de rentrer là, il vole à l'Abbaye-aux-Bois en arrangeant une histoire pour madame la supérieure, et se promettant bien de ne pas dire un mot à Estelle des visites qu'il avait régulièrement reçues deux fois par jour.

La présidente douairière n'avait rien pu apprendre à Estelle de la destinée de Valentin, parce que le président, qui n'aurait pas été fâché que l'abbé parvînt aux premières dignités de l'Eglise, pourvu qu'il ne lui en coûtât rien, avait jugé à propos de taire à tout le monde, et surtout à monseigneur, la faute du néophyte et la correction qui en avait été la suite. Estelle n'avait trouvé rien de mieux à faire, que de pleurer pendant l'éternelle quinzaine, ce qui ne l'avait pas abrégée et ne lui avait pas rendu son ami. Quand elle le vit au parloir, ses larmes tarirent, son cœur battit fortement, les roses reparurent sur ses joues, et, par un mouvement prompt comme l'éclair, elle passa sa main au travers de la grille; elle y eût passé le bras et le reste du corps, si la violence de la compression ne l'eût avertie que le fer n'est pas élastique. Valentin se précipite sur cette main, il la baise, il la rebaise, il la mange, il la dévore; mais, comme il est difficile de baiser une main pendant une heure entière, il la rendit enfin à sa jolie propriétaire.

Pendant qu'il baisait et rebaisait, Sainte-Rose, qui accompagnait toujours Estelle au parloir, et qui trouvait ces petites caresses tout naturelles, elle avait dix-huit ans, Sainte-Rose était allée courir par tout le couvent en criant le retour du petit abbé.

Madame la supérieure s'était beaucoup moins affligée de son absence qu'Estelle. Cependant, elle s'était aperçue, les dimanches, qu'il lui manquait quelque chose. Elle se rendit au parloir en trottinant : elle présenta aux baisers de l'abbé une main qui ne le tenta pas d'abuser de la permission, et elle lui demanda d'où il venait. — Du séminaire, madame, où monseigneur a jugé convenable de mettre en retraite et en méditation plusieurs jeunes ecclésiastiques. — Ne vous êtes-vous pas ennuyé là, mon cher enfant ? car on ne peut pas toujours prier et méditer. — Oh ! madame, j'ai composé un sermon, que je débiterai, si vous le permettez, le jour de la fête du fondateur de l'ordre. — Cela ne se peut pas, cher abbé, vous êtes encore trop jeune pour paraître en chaire. Mais il faut le faire lire à M. Morel, notre directeur; il trouvera certainement des idées heureuses. Mais dites-moi comment, avant de vous rendre au séminaire, vous n'avez pas écrit un mot à Estelle. Elle vous aime vraiment comme une sœur, et je vous avoue que je n'ai pas été sans inquiétude sur votre compte. — Madame, le portier de mon collège est un négligent qu'on devrait chasser. Il ne m'a remis l'ordre de monseigneur que deux heures après celle indiquée pour mon entrée au séminaire, et je n'ai pensé qu'à prouver ma soumission et mon exactitude à mes supérieurs. — Il est charmant ! il est charmant !... Faire des sermons à quinze ans et demi ! c'est admirable, madame Sainte-Rose. — Ah ! quel est donc ce rouleau de papier qui vient de tomber de votre poche ? (C'était l'opéra comique.) Serait-ce le panégyrique de notre fondateur ? —

Madame... madame..., — Point de fausse modestie, mon cher enfant, passez-moi cela par la grille. — Ce n'est pas mon sermon, madame, c'est... c'est... — Eh bien, qu'est-ce ? que je voie cela; donnez donc. — Madame, c'est une imitation d'un opéra de saint Augustin. — Comment, monsieur, saint Augustin a-t-il fait des opéras ? — Hé, sans doute, madame; n'avez-vous pas lu en tête de ses ouvrages : *Opéra sancti Augustini*? — Il a raison, il a raison. Ce que c'est que de ne pas entendre ce qu'on lit ! Je ne me doutais pas, en lisant l'évêque d'Hippone, que je lisais des opéras. Passez-moi donc cela... Hé mais, mon cher ami, cela me paraît bien tendre. — Oh! madame, ces personnages-là sont tous allégoriques, et leur amour n'est que celui du ciel, auquel vous avez consacré votre cœur.

Pendant que la supérieure lisait, Valentin passait à l'étude ses madrigaux et un long récit de son enlèvement et de son séjour à Saint-Lazare. En garçon prévoyant, il avait tenu cette pièce prête pour le jour de sa sortie. Peu expert encore dans l'art de glisser des billets doux, il s'y prit de manière que Sainte-Rose s'aperçut de quelque chose. Mais s'il est naturel de s'aimer, il ne l'est pas moins de se l'écrire, et l'indulgence nonnette tourna la tête de l'autre côté.

Tout doit finir dans le monde, scènes d'amour comme les autres : Valentin fut obligé de s'arracher du parloir et d'aller montrer sa confusion à messieurs de Sainte-Barbe. Le principal l'accueillit mieux qu'il ne l'espérait, et son retour fut une fête pour ses camarades. L'année scolastique allait finir; on s'occupait sérieusement d'exercices publics et de compositions pour les prix. Quand on est fortement appliqué pour son propre compte, on se mêle pas des affaires d'autrui : l'aventure de Valentin fut bientôt oubliée, et il résolut de l'effacer du souvenir d'Estelle en déposant à ses pieds et ses couronnes et ses prix.

Vous jugez bien que la première fois que Valentin retourna au couvent, madame n'oublia pas de lui demander son sermon; que Valentin avait prévu cela, et, qu'incapable d'en composer un bon, il avait trouvé à propos de copier dans nos anciens sermonaires. Trop adroit pour piller le Petit-Carême et Bourdaloue, que la supérieure devait savoir par cœur, il avait emprunté un sermon tout entier du petit père André, dont on se rappelle les facéties, mais qu'on ne lit plus.

Le dimanche suivant, il charge un fiacre de couronnes, d'une vingtaine de volumes et de sa petite personne. Il a sa copie du petit père André dans la poche, et il part gaiement pour aller faire à la grille une autre moisson de lauriers.

Après les premiers compliments, les premières félicitations, une longue suite d'effusions... de cœur, madame la supérieure, qui tenait beaucoup à ses premières idées. demanda le sermon avec instances, et l'abbé, d'un air modeste, tira le cahier de sa poche. Elle lut à haute voix. d'un ton plein d'onction, et bientôt elle éclata de rire. L'abbé Morel, le meilleur homme du monde, rit aussi en tenant son gros ventre à deux mains. Quand la supérieure d'un couvent et le directeur rient, toutes les nonnes doivent rire. Sainte-Rose et Estelle partirent aussitôt, et bientôt de longs éclats se firent entendre dans l'intérieur de la maison. Que de fois, dans la société, j'ai vu rire *de confiance*, ou par procédés, des gens qui n'étaient au courant de rien !

Quand on cessa de pouvoir rire, on essaya de parler raison. Madame dit d'un ton tranchant que jamais on n'avait fait rire en chaire, et qu'il était facile de voir que ce sermon était l'essai d'un jeune homme qui avait à se former le goût et le jugement. Valentin, qui était toujours à la réplique, répondit gravement ce que vous allez lire : — Madame, je vais régulièrement au sermon le dimanche matin (il mentait), et je vois toujours la moitié de l'auditoire assoupi. Pourquoi! parce que le prédicateur n'a pas le talent de le tenir éveillé. Vous savez, madame, que quand on rit on ne bâille pas, et que celui qui commence par faire rire finit toujours par se faire écouter. D'ailleurs, l'homme de génie ne se traîne point sur les traces de ses devanciers; il se fraye une route nouvelle; il crée, et c'est ce que je me propose de faire. — Il est charmant! il est charmant! n'est-il pas vrai, monsieur Morel! — Oh! tout à fait, madame. Mais, je pense, comme vous, que ce sermon-là ne peut être prêché qu'ici.

Valentin se souciait fort peu du jugement qu'on porterait sur l'œuvre du petit père André. Il était tiré d'embarras, c'était tout ce qu'il voulait. Il fêta la collation de madame; il glissa à Estelle un tendre billet; il en reçut un, qu'en fille polie, et qui sait qu'on doit toujours répondre, elle avait tenu prêt. Il entra le lendemain en philosophie pour en sortir sans ê re philosophe, car tout le monde sait que rien n'est moins philosophique que la philosophie de collège.

C'est quelque chose de fort agréable que de voir la femme qu'on préfère, de lui baiser la main, de causer et de faire la collation avec elle. Mais l'homme, je crois vous l'avoir déjà dit, ne sais jamais se borner. Valentin devenait grand garçon; il avait beaucoup de théorie sur certaines choses, et il avait une envie inexprimable de causer avec Estelle de plus près. La fête du patron de la communauté lui procura cette satisfaction ineffable. Elle lui coûta un peu cher; mais il était heureusement né, et, comme Figaro, il jouissait du bon temps et il supportait le mauvais.

Ce grand jour donc éclairait à peine l'hémisphère, que l'abbé, beau comme un chérubin et paré comme une châsse, s'achemina vers le couvent. Toutes les portes s'ouvrent devant lui; il court à la sacristie, où était déjà M. Morel; il couvre sa soutane des ornements brillants et neufs, que les plus jolies mains du monde, pour lui du moins, avaient façonnés avec des soins si recherchés. Madame la supérieure lui passa la main sous le menton, et protesta qu'il y avait quelque chose d'angélique dans toute sa petite personne; Estelle rougit en le regardant, Sainte-Rose lui sourit, et l'heureux petit fripon suivit l'officiant.

L'abbé Morel représenta fort bien. Il fit du patron un panégyrique auquel l'auditoire ne comprit rien ni lui non plus, et les cérémonies bien et dûment terminées, on se disposa à fêter un splendide dîner. L'abbé de Merville était à table à côté d'Estelle, qu'on avait admise, et sans tirer à conséquence, au réfectoire de mesdames. Ce n'était pas la supérieure qui avait arrangé les places; mais Valentin cherchait Estelle, Estelle cherchait Valentin. Deux amants qui se cherchent se trouvent bientôt, et ceux-ci, accolés l'un à l'autre, étaient tombés sympathiquement sur les premières chaises qu'ils avaient trouvées devant eux.

Je ne sais comment le genou du voisin avait trouvé celui de la voisine, comment le pied de la voisine avait rencontré celui du voisin : mais la position leur plut; il la gardèrent pendant tout le dîner; ils se dirent ainsi beaucoup de choses, et cette manière de causer n'est pas sans dangers imminents.

Ce qu'il y a de certain, c'est que, lorsqu'on passa du réfectoire chez madame, où, en raison de la solennité du jour, on devait se récréer à chanter des motets, et ensuite à jouer à *Pigeon vole*, et à *Je vous rends mon corbillon*, Valentin et Estelle ne se trouvèrent pas présents. Madame regarda l'abbé Morel; l'abbé Morel regarda madame, et Sainte-Rose, aussi pénétrante qu'elle était bonne, courut précipitamment à la chambre de la petite Daplant. Madame, qui n'était pas à beaucoup près aussi leste y arriva pourtant quelques secondes après Sainte-Rose. La porte était ouverte : C'est fort bien, disait madame; mais l'abbé ne devrait pas être là. Et puis sa couronne de cheveux était un peu dérangée; Estelle, droite comme un piquet et rouge comme une cerise, avait les yeux collés au parquet. Madame remarquait quelque désordre au fichu. Certains jurisconsultes prétendent que plusieurs semi-preuves équivalent à une preuve complète, et madame pensa comme eux. Piquée d'avoir été dupe d'un petit abbé de seize ans, obligée peut-être de punir avec éclat un délit qui pouvait devenir public dans la maison, elle prononça formellement à M. de Merville l'arrêt d'un bannissement éternel. Estelle pleura : c'était toujours là sa ressource. Elle n'en fut pas traitée avec plus d'indulgence. Les verrous de sa cellule furent tirés sur elle pour huit jours. L'abbé descendit en chantant un petit air; il prit son chapeau, salua très-légèrement madame, et mit en sortant un louis dans la main de la tourière. Ce louis-là, pensait-il en retournant à Sainte-Barbe, me rapportera de gros intérêts. On a supprimé le dimanche; mais il reste six jours dans la semaine, et la tourière aime l'argent. Et le jeudi donc, le jeudi la vieille présidente est sourde.

Oui, mon cher ami, la vieille présidente est sourde; mais elle n'est pas aveugle. Le jeudi suivant, nos jeunes gens furent si violemment tentés d'ajouter une scène à celle qu'ils avaient jouée au couvent, qu'ils finirent par céder à la tentation. Madame la douairière ne s'apercevait pas de leur absence, et il y avait une demi-heure qu'ils étaient allés je ne sais où. La grand'maman pose son livre, regarde autour d'elle, et ne voit personne. Elle appelle, personne ne répond; elle sonne, elle demande si on a vu Estelle et le petit abbé; on lui répond que non. En femme discrète et prudente, elle ne charge personne du soin de les trouver. Elle parcourt son hôtel en s'appuyant sur sa canne; elle traverse, dans les mansardes, des corridors qu'elle n'avait pas vus depuis vingt ans. Elle écoute à toutes les portes, et, réfléchissant bientôt qu'elle perdait son temps, et que peut-être il n'y en avait pas à perdre, elle alla tout frappant avec le bout de sa canne, et personne ne répondit, comme vous le jugez bien.

La douairière descend dans les appartements du premier... personne. Elle parcourt le rez-de-chaussée... personne. Elle se décide à rentrer dans son salon, à reprendre son gros livre, et à attendre nos espiègles, puisqu'il ne lui était pas possible de les trouver.

Que voit-elle dans le salon ?... Estelle et le petit abbé, tenant sur leurs genoux un échiquier, pour avoir une contenance, et faisant semblant de jouer aux échecs : ils ne connaissaient pas une pièce par son nom. Interrogatoire sérieux et prolongé d'une part; réponses fermes et précises de l'autre : on avait eu le temps de se remettre du trouble qui suit toujours certaines escapades. On était allé, dit-on, se promener au jardin, dont toutes les allées sont tirées au cordeau, où, par conséquent, l'œil plonge de toutes parts et où l'on n'avait été vu d'aucun domestique.

La vieille présidente sentit bien qu'on ne lui faisait que des réponses évasives, et, ne pouvant contraindre les coupables, elle jugea qu'il fallait avoir l'air de les croire pour prendre secrètement des mesures et arrêter plus sûrement un petit commerce qui ne lui paraissait pas très-licite.

Dès que les jeunes gens furent retirés, l'une à son couvent et l'autre à Sainte-Barbe, la bonne maman envoya chercher son fils, auquel elle exposa d'un ton plein de vérité ses soupçons et ses craintes, et le président retourna chez lui conférer avec sa femme, ou plutôt lui demander son avis sur ce qu'il convenait de faire dans cette circonstance. Madame la présidente méditait profondément sur un cas qui ne devait lui paraître nouveau, mais auquel elle attachait une importance proportionnée à l'éloignement que lui inspiraient nos jeunes infortunés, la présidente, dis-je, méditait lorsqu'on lui apporta une lettre de la supérieure de l'Abbaye-aux-Bois.

La bonne supérieure avait jugé d'abord qu'il suffisait d'interdire à Valentin l'entrée du couvent pour que certaines espiègleries ne se renouvelassent plus. L'abbé Morel était d'avis qu'il fallait supprimer les jeudis ainsi que les dimanches, et qu'il ne s'agissait ici que d'une pecadille, on remit au lendemain à discuter mûrement sur la peine qu'il conviendrait d'infliger aux coupables.

Or, comme il n'y avait pas culpabilité évidente, le chapitre fut très-embarrassé le lendemain sur la décision qu'il fallait rendre, et on espéra qu'un autre lendemain on y verrait mieux.

Et, ce lendemain-là, les lumières du chapitre n'étant pas accrues, il décida qu'il ne déciderait rien.

Mais, comme les lois de la prudence doivent toujours être observées, surtout quand les lois criminelles se taisent, on convint, à la très-grande majorité des voix, que madame Duplant serait instruite du fait et de ses circonstances, pour, par elle, être pris le parti qu'elle jugerait convenable.

Et comme l'abbé Morel était le bel esprit et le flambeau de la communauté, il fut chargé de la rédaction du procès-verbal. Et comme l'abbé Morel voulait aller souper, il remit à un lendemain encore l'expédition du chef-d'œuvre qu'il méditait déjà, et ce dernier lendemain étant un jeudi, la présidente reçut le factum et une lettre de la supérieure, au moment où elle réfléchissait, ainsi que j'ai eu l'honneur de vous le dire sur ce que son cher époux venait de lui apprendre.

Tant de fautes accumulées n'étaient certainement pas pardonnables. Aussi jugea-t-on qu'on ne les pardonnerait pas. Il fut décidé que Valentin serait abandonné à lui-même, qu'on ne le verrait plus, que la porte de la douairière lui serait interdite, qu'Estelle ne sortirait plus de son couvent, et que le lendemain sa tendre mère irait lui porter l'ordre de commencer à l'instant son noviciat. Les résolutions arrêtées par une seule tête sont aussitôt exécutées. Il y avait au plus une heure que la présidente était levée, et déjà elle était à l'Abbaye-aux-Bois.

Estelle comparut et fut traitée en coupable, quoiqu'on ne sût rien de positif sur ce qui s'était passé. Elle pleura beaucoup, et elle dit d'un ton timide que, si elle avait com-

mis une faute, ses larmes devaient l'avoir effacée. La pauvre enfant ne se reprochait rien : il est de si jolis péchés! et peut-être n'en avait-elle pas commis.... de bien décisifs. La supérieure essaya de fléchir madame Duplant; elle fit valoir la grande jeunesse et l'inexpérience d'Estelle... Estelle était condamnée. Sa mère répliqua très-sèchement à la supérieure que cette jeune personne annonçait des goûts qui rendaient sa réclusion nécessaire; que ce n'était que dans un cloître qu'elle pourrait faire son salut, et elle sortit en ordonnant à Estelle de prendre le voile dès le lendemain.

La supérieure la calma, la consola en lui disant que son noviciat devait durer un an, et que si, pendant le cours de l'année, sa vocation ne se prononçait pas, elle serait la première à s'opposer au dessein de sa mère. Cette manière de raisonner avait trop de rapport avec celle de Valentin pour ne pas faire une forte impression sur Estelle. Les années sont des siècles pendant la première jeunesse, et quand on en a une devant soi, il semble qu'on en doit pas voir la fin. Estelle se résigna donc.

On envoya chercher la couturière du couvent, qu'heureusement ou malheureusement on trouva malade. Il est certain que cette maladie facilita des projets, amena des événements, dont le récit pourra vous amuser... si toutefois comme aurait dit M. de La Palisse, il ne vous ennuiera pas.

Le jeudi suivant Valentin se présente à l'hôtel de la douairière. Un Champenois qu'on avait fait venir pour être suisse, comme Petit-Jean des Plaideurs était arrivé d'Amiens chez le seigneur Dandin, un Champenois dit brusquement à Valentin que la porte ne s'ouvrirait pas pour lui. Valentin fut étourdi du coup; mais, se remettant promptement, il dit au suisse de Champagne qu'il avait raison de ne pas lui ouvrir la porte à l'avenir, puisque tel était l'ordre reçu; mais que cette porte était ouverte, et qu'il pouvait passer, puisqu'il n'y avait pas de défense à cet égard. — Vous avez raison, monsieur l'abbé : passez, passez.

L'abbé arrive au salon, et il allait crier les plus belles choses du monde aux oreilles de vieille présidente, qui le calma en quatre mots : — Estelle ne vient plus ici. Sortez.

Cette harangue laconique fit le plus grand effet. L'abbé, qui n'était pas tenté de dîner en tête-à-tête avec la grand'maman, se retira aussitôt. Le suisse champenois fut mandé, et pour éviter à l'avenir, toute espèce d'équivoque, il lui fut enjoint d'empêcher M. de Merville d'entrer, que la porte soit ouverte ou qu'elle soit fermée.

— Parbleu, disait Valentin en se retirant, plus de dimanches, plus de jeudis, cela est bien dur! Il faut pourtant que je me console, car si je m'afflige, si je pleure, je n'amollirai pas les métaux, et les grilles du couvent n'en seront pas moins de fer... Hé, mais... la tourière est de mes amies, ou du moins elle doit être disposée à me servir, puisqu'elle a reçu le plus beau de mes louis. J'écrirai une belle lettre; la tourière la remettra; elle me rendra la réponse,... et puis... nous verrons.

L'abbé entre dans le premier café; il se fait donner du papier, une plume, de l'encre; il écrit trois grandes pages d'un style tantôt pathétique, tantôt plaisant, et il finit en proposant à Estelle de sauter une nuit par dessus les murs. Il a dix-huit cents francs en or, et avec cela on fait le tour du monde.

Il court à l'Abbaye-aux-Bois; il parle, il presse, il con-

La diligence de Toulouse. (page 28).

Le Corrégidor s'avance pour déboutonner la veste. (page 30.)

jure, la tourière est incorruptible. Il montre un second louis... qu'il ne donne pas; rien n'ébranle le cerbère femelle. Il sortait assez triste et se disant déjà : Il fait pourtant que je me console, lorsqu'un menuisier, portant une bière sur son épaule, mit la main sur la sonnette de la première porte du couvent.

— Pour qui cela?
— Pour madame Saint-Jean Chrysostôme.
— Morte, quand?
— La nuit passée.
— A quel jour les funérailles?
— A demain matin.
— A quelle heure?
— Je n'en sais rien.
— Demande à la tourière. Voilà un écu; je t'attends ici.

Il sait que la cérémonie se fera à dix heures.

— Hé, que diable, pensait Valentin, cette mère Saint-Jean-Chrysostôme avait bien quelque parente au monde. Le deuil se présentera, et semblable au cousin de Picard qui va à la noce sans en être prié, j'irai, moi, à l'enterrement de la bonne religieuse; je serai sa cousine, nièce, tout ce qu'on voudra. Je verrai Estelle, je lui parlerai... et nous verrons.

Transporté par la pensée du bonheur de revoir Estelle, Valentin ne remarquait pas le menuisier qui restait à le regarder bouche béante.

Cependant, tout en faisant ces réflexions couleur de rose, il finit par remarquer l'importun.

— Eh bien, qu'attends-tu là?
— N'avez vous pas quelque autre commission à me donner au même prix?
— Merci, mon ami, répondit Valentin, c'est tout ce que je voulais savoir.

Comment ferai je pour sortir demain du collége?.. Rien de plus aisé : je ne rentrerai pas ce soir. Mais le principal?... Oh! le principal, le principal!... Et mon argent qui est dans ma chambre, j'en aurai peut-être besoin.

Il n'est que trois heures; je peux rentrer à Sainte-Barbe, et en ressortir encore.

Il vole du couvent au collége, du collége au marché du Saint-Esprit. Il s'y pourvoit de tout ce qui est nécessaire à une jeune fille en deuil, et il vas'établir dans un modeste hôtel garni, qui est en face du couvent. Il dîne, il soupe, il se couche; il dort d'un sommeil profond et tranquille. Il se lève le lendemain, déjeune de bon appétit, et fait monter la fille pour lui aider à faire sa toilette. Sa robe lui allait comme si l'on eût pris mesure sur une guérite... — Des ciseaux et des épingles, dit-il à la fille. — Mais, monsieur, je ne sais pas... — Voilà six francs; maintenant tu sais tout.

On l'arrange, on le fagotte. Un voile, d'un noir tirant sur le jaune, lui couvre la moitié de la figure. Il se plante droit comme un échalas devant sa croisée; il attend ce que le hasard, le destin, sa bonne étoile voudront faire pour lui.

A neuf heures et demie, deux fiacres arrêtent à la porte de l'abbaye. L'abbé saute les escaliers quatre à quatre; il rencontre son hôte, qu'il colle au mur d'un coup de coude; il lui jette un louis, et on n'a rien à dire à un monsieur ou à une demoiselle qui paye ainsi. Valentin se glisse au milieu des sept ou huit femmes qui descendent des voitures; il entre avec elles dans l'intérieur du couvent, et l'intraitable tourière lui présente un siége comme aux dames avec lesquelles il est.

On attend madame la supérieure, et huit femmes n'attendent pas sans causer. Valentin apprend bientôt que l'une est la sœur de la défunte, qu'une autre est sa nièce, qu'il y a des cousines, des arrière-cousines; que toutes ces dames se connaissent particulièrement. Que sera-t-il, lui ? Il n'en sait rien.

Après avoir parlé d'elles pendant un quart d'heure, c'est-à-dire après bien des mots insignifiants et des inepties, une des causeuses adressa la parole au gentil abbé. — Qui êtes-vous, ma belle demoiselle? — Une pauvre orpheline que madame Saint-Jean-Chrysostôme avait mise en apprentissage chez la couturière du couvent. Sa mort me plonge dans la misère. — Oh! ma cousine était une bien digne dame. Et comme il est convenu qu'on ne doit pas d'égards à une orpheline dans la misère, la cousine leva le voile de l'abbé pour juger de sa figure. On se récria sur sa beauté, sur son air modeste. On s'attendrit ensuite, et on convint de se cotiser pour achever la bonne œuvre commencée par la défunte. Une des dames donne son adresse et invite la petite à la venir voir le lendemain; la petite le promet et baise les mains de sa bienfaitrice. La supérieure paraît, et, prenant un air affligé, elle fait signe de la main que le moment est venu. On se lève, on se met en marche. on remarque tout haut que la robe de la petite lui va très-mal : on la dégage déjà, par des procédés humiliants, du fardeau de la reconnaissance. La petite répond qu'elle a loué ces habits de deuil pour assister aux funérailles de sa bienfaitrice; on loue son bon cœur, et on ne s'occupe plus d'elle : des femmes ont tant à voir dans un couvent, où l'on n'entre qu'une fois dans toute sa vie!

Valentin est étonné de ne pas voir les pensionnaires. Madame craignait d'affecter de jeunes organes en faisant descendre ces demoiselles dans les caveaux de sépulture. Valentin commence à croire que sa tentative n'aboutira à rien. Il verra, il verra, selon sa très-bonne habitude, comment ceci finira, et il ne s'affecte de rien. En effet, ce qui peut lui arriver de pis, c'est de sortir comme il est entré.

A la pâle lueur des torches funèbres, il croit reconnaître Estelle, qui déjà figure parmi les novices, et qu'on veut familiariser avec l'idée de la mort, elle à qui la vie pouvait être si chère!

Il avance, il arrête; il se coule le long des murs humides; il s'approche; il est dans l'enchantement, c'est son amie!... il lui presse la main.

Estelle, interdite, ne sait à quelle pensée se fixer. Quelle est cette fille? que lui veut-elle? pourquoi caresse-t-elle si tendrement sa main? Si c'était lui!... — Suis le deuil quand nous sortirons, lui dit Valentin, et ne t'inquiète de rien.

Il a parlé bien bas, et cependant son amie a reconnu sa voix : le cœur a aussi ses oreilles. Valentin a repris sa place, et déjà Estelle se glisse où est la famille de la défunte. Que veut faire Valentin? elle l'ignore; mais il l'aime : qu'a-t-elle de mieux à faire que ce que l'amour lui a prescrit? Elle est si malheureuse! tout changement doit lui être avantageux.

Valentin ne prend pas de tabac, et cependant il en a dans sa poche : les amoureux ont toujours quelque arrière-pensée. Nous saurons à quoi est destinée cette poudre assez malpropre, dont cependant beaucoup de belles dames ne craignent pas de faire usage.

La cérémonie va finir. L'abbé vide son cornet de tabac dans sa main droite, c'est celle dont nos parents nous obligent à nous servir; c'est la belle main, et à force de nous aider exclusivement de celle-là nous devenons à peu près manchots de la main gauche. Mais nos pères, nos grands-pères, nos bisaïeux n'avaient qu'une main à leur service; nos enfants, nos petits-enfants n'en auront pas davantage.

Les préjugés, amis, sont les rois du vulgaire

Valentin veut être sûr de son fait; il a donc son tabac dans sa main droite. De la gauche, il tire Estelle par sa robe; il se place avec elle derrière la supérieure, qui reconduisait le deuil hors de la première enceinte. Madame donne un coup de cloche, la tourière y vient; elle voit de quoi il s'agit, et elle court faire crier sur ses gonds la porte de la rue. Estelle, courbée, cachée tantôt derrière la pièce, tantôt derrière la cousine de la défunte, tantôt, enfin, derrière son ami, échappe aux regards de la supérieure, qui, à la vérité, est loin de penser à mal. Déjà elle se croyait dans la rue; déjà son cher abbé lui prend la main, il va l'entraîner il ne sait où : on ne saurait tout prévoir en un jour. L'impitoyable tourière à l'œil actif et sûr. Elle compte celles qui sont entrées, et qui seules doivent sortir. Une robe blanche, une coiffure en cheveux la frappent: elle s'approche : elle reconnaît Estelle. — Que faites-vous ici, mademoiselle? lui dit-elle d'un ton assez brusque. Rentrez, s'il vous plaît. Et elle se place entre la porte de la rue et l'intéressante jouvencelle, à qui elle ôte tout moyen de faire un pas de plus. Valentin lève sa belle main: c'est la droite, vous vous en souvenez. Il l'ouvre, et une poignée de tabac bourre les gros yeux saillants de la tourière. Elle pousse des cris de diable; elle trépigne, elle se roule par terre. Toutes les dames sortantes sont stupéfaites; elles se parlent, elles se consultent, elles relèvent la pauvre tourière, victime de son inviolable attachement à son devoir. Elles la traînent dans sa loge, elles cherchent de l'eau fraîche, une serviette; elles lui lavent, elles lui relavent les yeux.

Valentin a pris Estelle sous son bras, il a ouvert la portière d'un des fiacres qui a amené le deuil, il y est monté avec sa tendre amie, il a dit au cocher : — Aux bureaux des diligences, au galop, et six francs en arrivant. Deux chevaux de fiacre valent mille écus quand on a promis six francs à leur maître ; ils passeraient par-dessus les tours de Notre-Dame.

Nos amoureux arrivent dans la cour des diligences, et ils descendent de leur fiacre aussi lestement qu'ils y sont montés. Six chevaux sont attelés à une lourde voiture, et Valentin demande où elle va. — A Toulouse, répond le conducteur. — Y a-t-il encore des places ? — Il en reste trois. Le jeune homme court au bureau, arrête, paye deux places, et monte dans la diligence avec son Estelle, à qui il dit : — Il nous est égal d'aller à Toulouse ou ailleurs. Quand nous serons arrivés là, nous verrons.

Le postillon fait claquer son fouet ; la lourde machine s'ébranle, elle roule ; les chevaux prennent le grand trot. C'est toujours ainsi que les diligences entrent à Paris et en sortent. Elles vont au pas sur les grands chemins.

Il était temps que le couple charmant sortît de Paris. Le premier soin de la tourière, lorsqu'elle put parler, avait été d'appeler le jardinier et ses garçons et de les mettre sur les traces de la fugitive Estelle. Ils ne savaient quelle route le fiacre avait prise. L'un courait par une rue, l'autre par une autre. Ils arrêtaient tous les fiacres qu'ils rencontraient, et, à la fin de chaque interrogatoire qu'ils faisaient subir aux cochers, ils recevaient des injures ou des coups de fouet. Fatigués d'être injuriés et battus, ils étaient rentrés au couvent, et s'étaient jetés sur une couche à melons, où, bercés par les rayons d'un soleil du mois de juin, ils s'étaient profondément endormis.

Un fripon n'en trahit pas un autre quand il ne trouve rien à gagner. Le cocher qui était resté à la porte du couvent avait très-bien entendu l'ordre donné par Valentin ; mais, comme on ne lui offrait pas seulement douze sous, il répondit : *Je ne sais pas* aux mille et une questions qui lui furent faites.

L'évasion d'une belle demoiselle qui allait prendre le voile blanc, et dont la dot était perdue pour la communauté, fut un événement terrible, inconcevable, inexplicable pour les dames de l'Abbaye-aux-Bois. La supérieure se hâta d'écrire à M. le président une lettre où il n'y avait pas un mot orthographié, mais dont les idées étaient fortes. Elle représentait à M. Duplant que l'honneur de son nom exigeait qu'il fît faire les plus rigoureuses recherches, qu'Estelle avait mérité une punition exemplaire, et que, lorsqu'elle serait réintégrée dans les murs du couvent, on l'y mettrait en prison jusqu'à ce que sa vocation ne fût plus douteuse. Le président courut chez le lieutenant de police, qui manda les chefs de l'armée grise, qui mirent en route leur infanterie, qui se glissa partout et qui ne découvrit rien.

Le président savait que Valentin s'était échappé de Sainte-Barbe, et il ne doutait pas que les deux jeunes gens ne courussent le monde ensemble, puisqu'ils n'étaient pas dans Paris. On s'avisa le quatrième jour de faire compulser les registres des diligences, et on n'y trouva inscrit ni mademoiselle Duplant, ni de M. de Merville : nos espiègles étaient partis sous le nom des demoiselles Désormaux. Dans ce temps-là, on se promenait tranquillement dans toute la France, sans que personne s'avisât de demander aux promeneurs d'où ils venaient et où ils allaient. Ainsi le hasard seul pouvait faire découvrir nos aimables et cependant bien criminels fugitifs.

Mais que diable, pourquoi faire un abbé d'un jeune garçon qui veut avoir une femme, et un religieuse d'une fille qui veut avoir un mari ? Et on les juge, on les condamne, quand ils font des fredaines ! Qui de vous, papas ou mamans, n'en a pas fait quelques-unes ? Là, mettez la main sur la conscience.

Des fredaines ! Valentin et Estelle s'arrêteront-ils au point où ils en sont ? Hélas ! j'ai bien peur du contraire. Mais je viens de le dire et je le répète : que leurs fautes tombent sur les têtes du monsieur et de madame Duplant.

Quoi qu'il arrive aux uns pour avoir suivi l'amour, aux autres pour les y avoir, en quelque sorte, contraints, voilà nos jeunes gens sur la route de Toulouse, et Valentin est fagoté de manière à donner lieu à de singuliers quiproquos.

CHAPITRE IV.

Il y est démontré que le premier pas se fait sans qu'on y pense et qu'un mari, embrassé très tendrement, ne refuse jamais rien. — Le corregidor d'Urgel est bête, vieux, laid et amoureux ; Pauvre Estelle ! ... ce qui ne sauve pas Valentin devenu engagé volontaire de S. M. le roi des Espagnes. Estelle absente, Vive doña Julia la cantinière ! — Deux sergents aux gardes Vallonnes en trépassent et Sans Souci déserte.

C'est une ménagerie qu'une diligence. On y trouve des animaux de toutes les tailles, de toutes les couleurs, de tous les poils, de tous les caractères, de tous les genres d'esprit. Trop heureux les voyageurs avec qui on n'a pas encaissé un homme gros comme une tonne, attaqué d'un catarrhe ou de la goutte, et sujet aux hoquets du haut et du bas ! Plus heureux encore s'ils ne sont pas empêtrés d'une vieille femme qui porte son perroquet sur son épaule, et un écureuil sur l'autre ; qui a son carlin à ses pieds et la cage du perroquet sur ses jambes, ce qui empêche le voyageur placé vis-à-vis d'elle d'étendre les siennes ! Plus heureux infiniment les voyageurs qui n'ont pas avec eux une ou deux nourrices avec leurs nourrissons, une politique, un beau parleur faisant des *cuirs*, et un négociant ayant la fureur de parler commerce à tout le monde, même à ceux qui n'y entendent rien ! Mais le plus grand de tous les fléaux, et, à mon premier énoncé, on aura peine à le croire, c'est une jolie fille qui voyage sans père et sans mère, et dont chacun veut s'emparer. Si elle ne se prononce pour personne, les œillades lui tombent de tous les côtés ; les coups de genou lui viennent à droite, à gauche, par devant, et des mains indiscrètes se glissent par derrière. Elle est fatiguée, excédée, meurtrie de la tête aux pieds. Les rivaux se mesurent déjà des yeux, et si la belle s'avise de faire un heureux pour se débarrasser des autres, la guerre civile s'allume dans la guimbarde. Le juge de paix de cet arrondissement est obligé de descendre du cabriolet, et de venir pérorer en guêtres et en bonnet de coton. Il a vraiment l'esprit conciliateur ; il ne veut blesser personne, parce qu'à l'arrivée l'usage lui donne droit à un *pourboire*, qu'à la rigueur cependant on peut lui refuser. Ce magistrat de sûreté ne prend donc que des demi-mesures, qui rendent toujours le mal plus grave, et pour l'arrêter sans retour, la jeune fille fait autant d'heureux qu'elle a de compagnons de voyage, et tous ces messieurs, en arrivant à Paris ou ailleurs, vont, au lieu de s'occuper de leurs affaires, maudire pendant six semaines Christophe Colomb et ses admirables découvertes.

Ici, messieurs, nous n'avons rien de semblable à craindre. Les demoiselles Désormeaux sont chastes... autant qu'on peut l'être quand on aime beaucoup. Elles ont pour compagnons de voyage un marchand, une comédienne qui a quitté les ingénuités depuis vingt ans, et un capitaine de dragons, dont le régiment est en garnison à Toulouse.

Le premier soin du capitaine et du marchand fut de regarder très-attentivement nos jeunes demoiselles. Elles étaient deux, et le négociant attendait modestement que l'officier se prononçât pour l'une avant de faire sa cour à l'autre. Il ne fut pas longtemps incertain, parce que la comédienne s'empara de lui si positivement, qu'il lui fut impossible de s'en défaire, à moins cependant de la jeter par la portière, extrémité à laquelle un homme bien élevé ne se porte pas facilement. Voilà donc une de nos demoiselles en sûreté.

Les hommes ne se connaissent pas en toilette, et les femmes avouent de bonne foi que ce n'est pas pour eux qu'elles se parent. Et pour qui donc? Pour elles-mêmes, pour caresser leur vanité et humilier leurs égales, fantaisie qui coûte toujours fort cher aux maris. Voilà pourquoi nous regardons de si près à nous marier; pourquoi tant de filles sont condamnées au célibat, et ce sexe, qu'on dit si fin, ne se doute pas de cela. Revenons.

Le capitaine regarda fort peu la robe bien ou mal faite de Valentin. Il s'attacha essentiellement à une figure charmante, à un fichu que gonflaient deux pelotes de laine et à un pied assez mignon. Il allait joindre à Toulouse une femme qu'il aimait beaucoup, dont il était passionnément aimé; mais il faut faire quelque chose dans une diligence, et une distraction de deux ou trois jours n'est pas une infidélité. Il fit donc vivement sa cour à mademoiselle Désormaux l'aînée; c'est ainsi que Valentin s'était annoncé.

Le quiproquo fit grand plaisir au jeune homme. Estelle n'avait plus rien à redouter ni lui non plus. En conséquence, il se prêta assez volontiers aux agaceries du capitaine; il répondit assez bien aux choses flatteuses et tendres qui lui furent adressées. Il était amoureux; on lui parlait sa langue, pouvait-il ne pas l'entendre et ne pas répondre avec facilité?

Le capitaine avait de l'expérience, et il savait à quoi s'engage une femme qui répond d'une certaine façon. Il savait encore qu'il est plus honnête d'attendre que la nuit ferme les yeux aux témoins importuns que de les leur crever. Il résolut donc d'attendre, pour former une attaque dans les règles, que les ténèbres favorisassent ses tendres entreprises. La comédienne, qui occupait le derrière de la voiture avec le marchand, venait de former le même projet. Estelle seule gardait une exacte neutralité, et se proposait bien de dormir tranquillement jusqu'au jour, si le sommeil l'emportait sur les cahots et la fatigue d'une position trop longtemps prolongée.

Le blond Phébus était allé visiter les Néréides, ou, si vous l'aimez mieux, et pour parler français, le soleil était couché; il l'était depuis une heure, et le calme le plus parfait régnait dans la diligence. Tout à coup s'élève sur le devant et le derrière de la voiture un léger frémissement, semblable à celui qui, dans un temps orageux, rafraîchit

d'abord, croît, siffle, et devient un ouragan dévastateur. Le capitaine, en cherchant ce qui n'existait pas, avait trouvé une pelote de laine, et le marchand, pour avoir trop trouvé, ne savait plus où il était. Le capitaine, furieux d'avoir été joué par un jeune garçon, se lève disposé à le châtier à la dragonne; un cahot le rejette sur sa banquette et envoie tomber sur ses genoux la comédienne et le marchand. Le capitaine les repousse avec violence; la comédienne s'accroche à la robe de Valentin et emporte le morceau avec elle. Cependant la résistance qu'a opposée la robe a singulièrement tempéré la force de répulsion, et le marchand seul est allé tomber sur le dos contre la banquette qu'il occupait quelques secondes auparavant. Il crie qu'il a les reins cassés; Valentin crie qu'on a mis sa robe en lambeaux; la comédienne crie qu'on ne repousse pas une femme avec cette brutalité; le capitaine, dont ces nouveaux incidents ont calmé la colère, se met à rire aux éclats. Estelle s'éveille en sursaut et demande ce que signifie tout ce tintamarre.

La voiture roulait sur la terre, parce que le chemin n'était point pavé en cet endroit. On aurait bien dû dépaver ici où a eu lieu le soubresaut dont je viens d'avoir l'honneur de vous parler, si on ne voulait par le réparer. Le juge de paix de la diligence ne sait que penser du bruit qu'il entend dans l'intérieur. Il fait arrêter; il descend du cabriolet, muni d'une lanterne sourde; il ouvre la portière, et il voit,... effet prodigieux du cahot! la tête de la comédienne ne se trouve plus; on n'aperçoit que le derrière de la perruque à bourse du marchand, et des jambes çà et là dont on ne reconnaissait plus les propriétaires. Valentin, fille d'un côté, montre de l'autre la moitié d'une veste et d'une culotte de soie noire. Estelle, qui croit tout perdu, se met à pleurer; le capitaine rit plus haut que jamais; le conducteur jure; on ne sait plus où l'on en est.

Le conducteur commence un interrogatoire qui bientôt ennuie le capitaine. Il interrompt l'orateur. — Avez-vous, lui demanda-t-il, entendu quelquefois parler de mademoiselle Androgyne? — Non, monsieur. — Mademoiselle Androgyne était à la fois fille et garçon; il plaît à mademoiselle Désormeaux l'aînée d'être mademoiselle Androgyne cadette; personne n'a rien à dire à cela. Mademoiselle Estelle est une jeune personne fort estimable; je vous déclare que je les prends tous deux sous ma protection, et certes je ne souffrirai pas qu'on leur manque de respect. — Monsieur... monsieur... — Abrégeons. Démêlez-moi ces quatre jambes-là; placez madame dans votre cabriolet, et que la paix se rétablisse ici. — Monsieur l'officier, j'ai ma place dans la voiture, et bien sûrement... — Ah! vous résistez! Au premier relais, je vais trouver le maire du village; je lui déclare que vous faites d'une diligence une chambre à coucher, et je vous fais mettre à pied. — Le discours du capitaine était clair; les faits étaient positifs; la pauvre femme, que l'officier eût disputée au marchand si elle eût eu trente ans de moins, fut obligée de descendre et de se mettre à côté du conducteur. Le marchand, qui n'avait plus rien à faire, s'endormit, et le capitaine jasa avec nos jeunes gens.

Valentin sentait la nécessité de réparer promptement le désordre de sa toilette, et il ne pouvait, sans ameuter les passants, aller de la voiture à la friperie. Le secours d'un tiers lui devenait indispensable, et il ne dissimula rien. La franchise, l'amabilité du joli couple intéressèrent vivement le capitaine. Après s'être emporté contre les parents qui oublient qu'ils ont été amoureux, et qui contrajient ceux qui sont bien aises de l'être à leur tour ; après avoir chaudement approuvé la conduite d'Estelle et de Valentin, il promit au jeune homme de lui procurer des habits à la première ville où on s'arrêterait, et il lui fit quelques questions sur les projets qu'il avait sans doute formés pour l'avenir. — Des projets, monsieur ! je ne m'occupe jamais de cela. — Mais où allez-vous ? — A Toulouse. — Et après ? — Oh ! nous verrons. — Et si on vous suit, si on vous arrête ? — Ce ne sera pas ma faute. — Hé ! que deviendra cette pauvre petite ? — Vous me faites trembler. — Je vous conseille de sortir de France et de passer en Espagne. — Bien ! — Vous avez fait de bonnes études ; vous enseignerez le latin et le français, et vous vivrez. — Excellente idée ! — Comment présenterez-vous mademoiselle ? — Comme ma femme. — Allons donc, allons donc, personne ne croira au mariage de deux enfants. — Eh bien ! j'en ferai ma sœur.—Cette sœur-là paraîtra suspecte. Faites-en votre frère. — Vous avez, ma foi, raison. — Avez-vous assez d'argent pour aller jusqu'à Madrid ? — J'ai de quoi faire deux fois le tour du monde. — Ménagez-le bien, mon cher ami ; il vous faudra du temps pour vous faire connaître et avoir des écoliers. Par exemple, une chambre vous suffira, et il coûterait deux si mademoiselle était votre sœur. Elle se chargera des petits soins du ménage, et ce qu'elle vous apprêtera vous semblera excellent. — Mais, monsieur le capitaine, il me semble qu'il convient que nous logions séparément jusqu'à ce que nous soyons mariés. — Oui, cela convient, mademoiselle, mais cela est fort ennuyeux ; et pourquoi vous ennuyer quand vous pouvez faire autrement ?

Valentin protesta que l'officier était l'homme le plus raisonnable qu'il eût vu de sa vie, et il embrassa Estelle si tendrement, si vivement, qu'elle commença à penser comme lui.

On arriva à Tours, où on devait coucher. Le capitaine, fidèle à sa parole, courut chez le fripier le plus renommé de la ville, et fit apporter un gros paquet d'habits de toutes les tailles qu'on déposa par ses ordres dans un cabinet voisin de la chambre des jeunes gens ; ils choisirent, essayèrent, essayèrent encore, et, lorsqu'ils eurent à peu près leur affaire, le capitaine alla leur acheter, toujours par esprit d'économie, six chemises de garçon ; il prétendait que six chemises à deux valent mieux que trois à chacun. Quand le travestissement fut terminé, on fit monter le conducteur. — Mon ami, lui dit le dragon, vous avez cru comme moi que ces messieurs étaient des demoiselles. Un louis qu'on va vous donner vous prouvera incontestablement que vous vous êtes trompé, et vous fermera la bouche.

Le marchand, à qui il était fort égal que les jeunes gens fussent des garçons ou des filles, consentit volontiers à se taire. La comédienne composa. Elle déclara qu'elle allait publier dans l'auberge ce qu'elle savait de cette aventure, si on ne consentait à oublier la sienne et à la réintégrer dans l'intérieur de la voiture. — Accordé ! s'écria le capitaine ; mais arrangez-vous de manière que je n'aie plus à souffrir des cahots.

Il était temps que nos amoureux trouvassent un capitaine de dragons, homme de sens et de jugement. Le lieutenant de police de Paris avait écrit dans les principales villes de toutes les grandes routes pour qu'on arrêtât et qu'on rendît à un président du parlement de Paris deux victimes qui voulaient lui échapper. On était à table, on commençait à souper lorsqu'un commissaire de police entra dans la salle à manger, et, les deux signalements à la main, alla regarder les voyageurs sous le nez. Ses yeux louches se portaient du papier sur les figures et des figures sur le papier. — Terminez donc, monsieur le commissaire, lui dit le capitaine. Nous n'avons pas ici de demoiselle de seize à dix-sept ans ; madame en a cinquante ; il y en a trente que monsieur porte une perruque à bourse ; je suis capitaine au régiment Dauphin-Dragon, et ces jeunes messieurs sont deux cadets gentilshommes que je conduis à mon corps, et qui sont particulièrement protégés par M. de Sartines. — Par M. de Sartines ! reprend le commissaire. Oh ! ils feront leur chemin, ils feront leur chemin. Je vous salue, messieurs, et je vous demande pardon de vous avoir dérangés.

Le souper fut très gai, comme vous pouvez le croire. Des malheureux échappés au naufrage sentent vivement le prix de leur existence, et l'amour qui a cru tout perdre s'applaudit d'avoir tout gagné. Estelle avait touché au moment d'être séparée sans retour de son cher Valentin, et ses alarmes le lui avaient rendu plus précieux. Aussi consentit-elle sans trop de difficultés à partager avec lui une chambre à deux lits. Valentin donna sa parole d'honneur de ne pas sortir du sien. Ces paroles d'honneur-là sont-elles vraiment obligatoires ?... Il est constant que le lendemain Estelle rougit beaucoup en revoyant l'officier, et qu'elle n'osait lever les yeux sur personne dans la voiture, et qu'à la dérobée elle pressait tendrement la main de son ami. Je suis tenté de croire que la suppression des dimanches et des jeudis avait été prononcée sur des apparences mensongères, sur des rapports calomnieux, car jamais la sensible Estelle n'avait éprouvé le trouble, l'embarras, la confusion qui l'agitaient en ce moment. Ce qu'il y a de certain encore, c'est qu'à Bordeaux elle ne répliqua pas quand Valentin dit à l'hôtesse qu'il ne voulait qu'un lit pour lui et son frère.

> Le premier pas se fait sans qu'on y pense ;
> Craint-on jamais ce qu'on ne prévoit pas ?

Mais le second, mesdames, le second !... Oh ! que celui-là est joli !

En arrivant à Toulouse, le capitaine s'applaudit d'avoir été sage en route, parce que, disait-il, il serait en état d'obtenir pour ces jeunes amis des marques de bienveillance d'une certaine dame qui avait des bontés pour lui. A Toulouse, comme ailleurs, les femmes mènent leurs maris ou à peu près. Celui de cette dame est lieutenant de police, et on obtiendra facilement de lui un passe port à l'aide duquel deux amants franchiront les frontières.

En effet, le capitaine se conduisit si bien, mais si bien, que, dans son ravissement, la dame s'écria : — Ah ! mon ami, je vous donnerais ma vie. — Je ne vous demande pas tant : je me contente d'un passe-port pour l'Espagne que monsieur délivrera à deux amoureux avec qui je suis venu ici de Paris. — Les amoureux ! Ah ! tout ce qui aime m'inspire le plus vif intérêt.

Madame voulut voir les jeunes gens. Elle les accueillit, elle les caressa, elle les présenta à son mari. — Un moment, madame, on ne délivre pas de passe-port à des inconnus... — Ce ne sont pas des inconnus, monsieur, puisque je vous les présente. — Mais, madame... — Mais, monsieur, ce sont de bons ou de mauvais sujets. Dans le premier cas, ils n'ont pas besoin de recommandation ; dans le second, c'est servir la France que l'en délivrer. — Encore une fois, madame... Madame embrassa d'un air très tendre son mari, qui n'était pas accoutumé à cela. Elle lui passa la main... sous le menton ; elle le cajola de toutes les manières. Elle fut infidèle au capitaine, et s'en repentit amèrement ; mais elle eut le passe-port, et le lendemain nos jeunes gens partirent pour Ax, chargés des vœux bien sincères que formèrent pour eux le capitaine et son obligeante amie.

A défaut de voitures publiques, ils en prirent une particulière et ils s'en trouvèrent au mieux. Les scrupules d'Estelle étaient évanouis ; elle se livrait sans réserve à l'amour le plus tendre. Valentin était dans la première ivresse du bonheur. Ils arrivèrent à Ax sans s'être aperçus qu'ils avaient voyagé.

Un muletier, qui avait amené là une belle fugitive de Lérida, que son amant était venu attendre en cette ville pour s'épargner le désagrément d'une enquête criminelle ; ce muletier, qui allait d'auberge en auberge, cherchant des voyageurs pour le retour, proposa à nos jeunes gens de les conduire jusqu'à Madrid, si cela leur convenait. Ses mules étaient excellentes et sa litière était commode. Valentin pensa de suite qu'une litière est préférable à un carosse, et il s'arrangea avec le muletier.

On part gaiement ; on s'enfonce dans les Pyrénées ; on dîne, on couche dans des auberges détestables, et l'amour trouve un trône partout. On descend dans les plaines d'Espagne ; on n'entend plus un mot de ce que disent ceux à qui on parle, et on s'en console aisément. Quand on est deux, et qu'on a toujours quelque chose à se dire, on se passe volontiers d'autres interlocuteurs, et, pour les besoins de la vie, il est des signes qui disent clairement : A boire ! à manger ! un lit !

On arrive aux portes d'Urgel. Un seigneur, on ne voit que cela en Espagne, un seigneur brûlé du soleil, sec comme une momie, fort mal vêtu, armé d'une longue hallebarde, était planté là pour attendre les voyageurs. Comme sa seigneurie ne savait pas lire, elle dédaigna de regarder le passe-port de nos jeunes gens, et elle chargea un autre seigneur qui bâillait dans un corps de garde enfumé de les conduire chez sa seigneurie le corrégidor du lieu.

Le corrégidor était un homme de cinquante ans, vain... comme un Espagnol, ignorant comme un capucin, et il avait fait écrire en grosses lettres et il n'avait pas l'oublier, au-dessus de son grand fauteuil vermoulu : AUCUN FRANÇAIS NE PEUT ENTRER EN ESPAGNE S'IL N'EST PORTEUR D'UN PASSE-PORT DE MONSEIGNEUR L'AMBASSADEUR DU ROI A LA COUR DE VERSAILLES.

Quand nos jeunes gens lui furent présentés, il dédaigna de se lever ; il leur fit signe de la main d'attendre, et il acheva de réciter son rosaire, occupation très louable sans doute, mais qui ne donne pas d'intelligence à ceux qui n'en ont pas reçu de la nature.

Après une grande demi-heure, il laissa retomber son rosaire, attaché à sa ceinture ; il tira son bras décharné de dessous un manteau crasseux, et il l'allongea pour recevoir le passe-port. Il chercha d'abord le sceau de monseigneur l'ambassadeur, et, ne l'y voyant pas, il se leva pour relire la fatale inscription apposée au-dessus de son fauteuil. Cette formalité indispensable étant remplie, il envoya chercher un alcade, déserteur du service de France, qui, à force de réciter des rosaires, avait captivé la bienveillance de sa seigneurie, laquelle l'avait élevé par degrés au poste brillant qu'il remplissait alors.

Estelle et Valentin s'ennuyaient beaucoup de tant de lenteurs. Les pauvres enfants étaient loin de prévoir le dénouement.

L'alcade arrive ; il les interroge en français ; il leur traduit l'inscription, si cruelle pour eux, que monseigneur le corrégidor vient de relire une seconde fois. Estelle pleure, Valentin s'écrie qu'il ignorait cet usage-là ; que, s'il en avait eu connaissance, il aurait facilement obtenu les papiers nécessaires. On lui réplique que lui et son frère sont des aventuriers, et qu'on va les conduire en prison. Estelle sanglotte, elle s'évanouit. Valentin dit qu'on vit en prison comme ailleurs, et il se lève pour prendre la main d'Estelle et suivre avec elle le seigneur alcade. Il s'aperçoit qu'elle est sans connaissance, il s'emporte, il jure ; et monseigneur, après s'être fait traduire ses imprécations, prononce que les délinquants seront mis au cachot.

Mais, comme on ne va pas là en carosse, qu'il n'y avait pas de charrette disponible en ce moment, qu'Estelle ne pouvait marcher, et que la jeunesse et la figure du prétendu jouvenceau inspiraient quelque intérêt, le corrégidor sonne ; il demande à une espèce de duègne, chargée du soin de sa lugubre maison, des sels et de l'éther, et, en attendant tout cela, il s'avance pour déboutonner la veste d'Estelle et lui dénouer sa cravate. Valentin le repousse rudement, et c'est un crime nouveau. L'alcade repousse Valentin et Valentin rosse l'alcade. La vieille laisse tomber l'éther et le sel, et appelle la garde. On serre, on presse Valentin, qui se défend comme un lion. Il cède au nombre, et quand on le tient on le garrotte. Forcé de rester dans l'inaction, ses yeux cherchent et trouvent Estelle ; elle a repris l'usage de ses sens ; mais leur secret est découvert : l'opiniâtre corrégidor a fouillé de ses mains noires des trésors qui n'étaient réservés qu'à l'amour.

On ne se hâte jamais de prononcer contre une fille charmante, et on aime à se débarrasser d'un témoin incommode. Le décret du corrégidor fut exécuté à l'instant sur la personne de Valentin. On le mit au cachot.

— Parbleu, se dit Valentin, il est fort désagréable d'être logé ici. Cependant ces murs sont secs, ma paille est fraîche, et je pourrais être bien plus mal. ... Mais Estelle !... Estelle m'aime, elle me sera fidèle. Elle n'ira pas loin, car elle n'a pas le sou. Quand je sortirai d'ici, nous nous reverrons avec un plaisir que la satiété commençait à émousser. Allons, allons, tout est pour le mieux !

Mais que faisait Estelle pendant que son amant philosophait dans son cachot. Elle pleura d'abord beaucoup : cela soulage. Elle demanda à être réunie à son cher Valentin, et le seigneur corrégidor lui répondit gravement que les mœurs publiques ne lui permettaient pas d'accéder à sa demande. Estelle pleura plus fort, et sa seigneurie la trouva plus belle et plus intéressante. Estelle cessa de pleurer : c'est toujours ainsi que finissent les grandes douleurs, et, quand elle put entendre le langage de la raison, le corrégidor lui adressa ce discours mémorable :

— Vous auriez suivi à Madrid un étourdi qui paraît avoir les passions très vives et qui vous aurait abandonnée à la première occasion. Vous êtes tombée dans mes mains pour que je détourne de vous la griffe de Satan. Vous êtes jeune et jolie ; je suis vieux, mais j'ai des yeux et un cœur. Vous avez commis des fautes, nous les expierons ensemble. Je veillerai sur vous comme un tendre père, et je répondrai de votre sagesse, parce que vous ne sortirez pas de ma maison. Inès, ma vieille gouvernante, va vous donner les habits de votre sexe ; vous serez plus jolie encore, et si je suis satisfait de vos manières...

Estelle interrompit ici l'orateur, qui, avec le genre d'esprit que vous lui connaissez, s'était interrompu trente-deux fois pour trouver la suite de ses phrases, et prévenir par son éloquence la belle Estelle en sa faveur. La belle Estelle protesta qu'il lui était égal que sa seigneurie eût un cœur et des yeux ; qu'elle n'avait commis que de très jolis péchés, et que, s'il fallait absolument qu'elle les expiât, ce ne serait pas avec le corrégidor d'Urgel. Elle protesta que, si on ne lui rendait Valentin, elle allait crier par la ville que sa seigneurie n'enfermait les m. . . . . que pour convertir d'une façon nouvelle les petites Madeleines de Paris. Le corrégidor lui répliqua que Valentin n'avait pas de passeport ; qu'il s'était mis en révolte ouverte contre la magistrature ; qu'il avait cassé le nez et trois dents à un alcade ; qu'il méritait la mort. et que, si elle faisait le moindre bruit, il serait pendu dans huit jours ; que si, au contraire, elle était calme et docile, il sortirait du cachot le lendemain.

L'idée de Valentin pendu glaçait le sang d'Estelle. Sa mise en liberté, solennellement promise, ramenait l'espérance dans son cœur. Valentin, libre, trouverait bien quelques moyens de se rapprocher d'elle ; il la tirerait, n'importe comment, des mains de toutes ces sales seigneuries, et ce qui pourrait leur arriver de pis était de rentrer en France à l'aide du passe-port dont ils étaient encore porteurs : une fille de dix-sept ans et qui aime ne manque jamais de tout arranger pour le mieux. Estelle marqua une tranquillité qui n'était pas feinte ; elle était toute au plaisir de revoir son amant. Mais, semblable au chat, qui a toujours une patte en l'air, elle avait l'œil à tout, et une égratignure marquait la face vénérable de sa seigneurie lorsqu'elle voulait s'approcher de trop près.

Ah ! pensait le corrégidor, cette fille-là est véritablement d'une sagesse exemplaire, et il faut que ce petit coquin qui est en prison lui ait donné quelque philtre. Attendons que l'effet en soit dissipé pour faire valoir notre rang, notre fortune et une figure incontestablement très distinguée.

Le corrégidor était une bête, vous le savez ; mais souvent une bête entend mieux ses intérêts qu'un autre, parce qu'elle s'en occupe sans cesse. Celle-ci sentait bien que plus Valentin serait éloigné, plus le philtre cesserait d'opérer. Il est des bêtes qui ont de l'honneur à leur manière, et celui du corrégidor était engagé à ce que Valentin sortît de prison le lendemain : mais il est des capitulations de conscience au moyen desquelles on concilie tout.

En conséquence, le lendemain, de très bonne heure, Valentin reçut la visite d'un sergent, d'un caporal et d'un soldat des gardes wallonnes. Ces messieurs attendaient à Urgel les Français bien constitués mais sans pain, et qui n'avaient rien de mieux à faire que de manger celui qu'on leur offrait. Le sergent déclara à Valentin que le roi d'Espagne serait fort aise d'avoir à son service un joli garçon comme lui. Valentin répliqua qu'il était déjà au service d'Estelle, et qu'il ne voulait pas changer de maître. D'après cette réponse, le sergent et le soldat placèrent poliment le prisonnier sur le ventre, et le caporal lui appliqua vingt-cinq coups de canne sur les fesses. Valentin ne concevait pas que le roi d'Espagne, qui aimait tant les jolis garçons, les fît traiter ainsi. Ah ! disait-il quand le caporal eut porté le bout de sa canne à terre, peut-être, si j'étais laid, un curé du . . . reçu cinquante coups. Une jolie figure sert toujours à quelque chose.

Le sergent réitère sa proposition, et Valentin répète son refus d'y accéder en se frottant le derrière. On s'empara

de nouveau de lui, au nom du roi d'Espagne, et on doubla la dose. — Je vois, dit Valentin, que vous n'êtes pas disposés à finir, et, selon les apparences, vous ne vous fatiguerez pas les premiers. Au reste, je ne veux pas mettre votre persévérance à de plus longues épreuves ; je vais signer.

On lui présente un papier en tête duquel était imprimé en grosses lettres : *Engagement* VOLONTAIRE ; et, pour prouver que Valentin s'était volontairement engagé, on lui fit traverser la ville avec les menottes ; on le conduisit au village de Pia, où les recruteurs avaient leur dépôt ; on en tira sept ou huit jolis garçons, des mains desquels on s'était assuré, et on leur fit prendre le chemin de Madrid, escortés par un caporal et quatre soldats du corps brillant dans lequel ils allaient avoir l'honneur de servir.

— Voilà qui est singulier ! pensait Valentin : il y a quinze jours j'étais chanoine, et aujourd'hui me voilà soldat. Ma foi,

Par ce métier l'honneur n'est point blessé ;
Rose et Fabert ont ainsi commencé.

Et puis je peux faire mon chemin... si pourtant je ne déserte pas. Mais Estelle !... Je l'aime tant !... et on me l'a fait changer contre un mousquet !... Eh bien, ne vais-je pas pleurer ! Ai-je quelques reproches à me faire ? Des larmes me rendront-elles ce que j'ai perdu ? Non, non, je n'en verserai pas : il faut savoir supporter le mal comme on sait jouir du bien. D'ailleurs, si je me fais mourir de chagrin, Estelle n'en sera pas plus heureuse, et je dois me conserver pour elle ; ainsi, vive la joie, la chansonnette et le bon vin... Mais cette chère Estelle, que va-t-elle devenir ; Ah ! elle aura bien quelques petites aventures, qui probablement seront plus gaies que les miennes ; mais ce ne sera pas sa faute, et quand nous nous rencontrerons, je la reprendrai comme une veuve respectable, qui aura conservé tous ses droits sur mon cœur. Allons, allons, ne pensons plus à tout cela.

Bientôt Valentin répandit la gaieté autour de lui. Les jolis garçons, qui avaient les fers aux mains, riaient de ses contes, et le caporal commandant, qu'amusait son jeu de physionomie, lui faisait l'honneur de lui frapper quelquefois sur l'épaule. Quand on s'arrêtait à une auberge qui n'était pas détestable, Valentin régalait le détachement d'un *olla podrida*, qui faisait sentir l'ail pendant vingt-quatre heures, et d'un vin qui puait le bouc à faire reculer d'une lieue nos gourmets de Paris. Le caporal trouvait ces procédés-là fort honnêtes et fort agréables, ce qui pourtant ne l'empêchait pas de mettre en prison Valentin et ses camarades dans toutes les villes ou bourgades où on passait la nuit.

Après quinze jours d'une route qui, sans les saillies de Valentin, eût ressemblé à une marche funéraire, on entra dans la magnifique ville de Madrid, qui cependant ne vaut pas Paris, Londres, Manheim, ni même Nancy. Tout le monde sait que cette superbe cité est arrosée par le fleuve Monçanarès, qui porte des ponts hardis, sous lesquels on passe à pied l'été, parce qu'il n'y a pas d'eau dans la rivière.

On arrive à la caserne de messieurs les gardes wallonnes. M. le major prend le signalement de nos jolis garçons et le fait afficher dans le corps de garde qui est près de la ville. Il rassemble tous les sergents, et chacun d'eux regarde attentivement de la tête aux pieds nos nouveaux venus. Vous ne devinez pas le but de ces formalités ; je

vais vous le faire connaître. Cela voulait dire que ces re-
crues ne devaient pas sortir des casernes ; qu'au moyen de
leur signalement on les reconnaîtrait à la grille, et que si
le factionnaire était incertain, le sergent de garde serait
appelé pour prononcer.

Le lendemain Valentin fut revêtu de l'habit du roi, ri-
chement galonné en fil ; on lui mit un chapeau sur l'oreille
et une longue épée au côté. On le fit passer sous le dra-
peau avec ses compagnons de voyage, et on leur notifia
qu'ils venaient de prêter serment de fidélité au roi. M. le
major ajouta, d'un air tout à fait aimable, que la conséquence de leur prestation de serment était que celui qui
déserterait et qui serait repris passerait par les armes.
C'est ce que nous appelons en France être *fusillé.*

Valentin aurait été fort aise de voir la ville de Madrid,
et de s'y amuser un peu pour son argent. Comme cela
n'était pas possible, il chercha à tirer le meilleur parti de
l'enceinte qu'il lui était défendu de franchir. Il trouva cinq
à six cours, la plupart plantées de grands arbres et offrant
des jeux très intéressants, auxquels il était difficile de
perdre vingt sous en vingt-quatre heures. Dans une des
cours, était la boutique d'une cantinière qui aimait les jolis
garçons autant que le roi, et qui s'en faisait servir d'une
manière plus directe. Dans une autre de ces cours était la
salle d'escrime, dont le *professeur* vint saluer Valentin. Il
lui protesta que son art était le premier de tous, en ce
qu'il développe le corps, lui donne de la grâce, fait la sûreté de celui qui l'exerce, et le met à même de tuer son
homme à l'occasion. Tout cela s'apprenait moyennant dix
réaux par mois.

Le matin, à cinq heures, le tambour roulait dans toutes
les cours, ce qui signifiait, pour Valentin, qu'il fallait prendre un fusil ; le mettre sur son épaule, lorsqu'il voudrait le
jeter par terre ; marcher, quand il lui conviendrait de s'arrêter, et tourner à droite, quand il lui plairait d'aller à
gauche. A neuf heures, il était libre jusqu'à cinq heures du
soir, où il était encore obligé de faire abnégation de lui-
même. Pendant le reste du jour, il pouvait aller jouer,
tirer des armes, et faire sa cour à la cantinière.

Cette cantinière était une femme d'une trentaine d'années, élancée, maigre et noire comme une Espagnole. Le
premier coup d'œil de Valentin ne lui fut pas favorable.
Il la compara à Estelle, à qui elle ressemblait comme
l'ortie à la rose ; mais la cantinière était la seule femme
établie dans le quartier, et quand on est seul, on devient
nécessaire. Les yeux de Valentin se firent peu à peu à ces
charmes rembrunis, et il n'avait plus, pour lui adresser ses
vœux, qu'à devenir sourd au cri de sa conscience, qui lui
reprochait vivement une infidélité qui pourtant n'était encore qu'en intention. Oh ! c'est une terrible chose que la
conscience !

Cependant nous cherchons tous les moyens de la calmer
quand elle nous gêne, et nous avons presque toujours le
bonheur d'y réussir. Valentin se disait : — J'ai promis à
Estelle de lui être fidèle, et que peut-elle gagner à ce que
je tienne ma promesse, lorsque nous sommes à cent lieues
l'un de l'autre peut-être ? Elle a pris envers moi le même
engagement, et si elle le viole, en saurai-je jamais rien ? Si
un jour nous nous revoyons, elle me protestera qu'elle n'a
vécu que pour moi ; je lui jurerai la même chose ; nous
aurons l'air de nous croire, et c'est, au fond, ce que nous
pourrons faire de mieux. Enfin, Estelle est absente et la
cantinière est là ; vive la cantinière !

A propos d'Estelle, ne devrais-je pas vous parler un peu

de ce qu'elle pense, de ce qu'elle dit, de ce qu'elle fait ?
Elle est si intéressante ! Oui, mais Valentin est mon héros,
et vous savez bien qu'une des règles du roman est qu'on
ne perde pas de vue son principal personnage, à moins
cependant qu'on se permette quelque épisode, ce qui fait
languir l'action, et ce que, par conséquent, je m'interdirai.
Je reviens à Valentin.

La cantinière qui paraît sur la scène s'appelait dona
Julia. Elle était noble, parce qu'elle avait épousé le seigneur Mendoce, qui avait passé des écuries de M. le major à la cantine, moyennant une petite formalité ; il avait
été obligé d'épouser Julia, qui lui avait été proposée par le
général-colonel, dont elle avait été femme de chambre, selon toute l'acception du mot. Le seigneur Mendoce était
bien la meilleure pâte de mari qui existât dans toutes les
Espagnes, pourvu toutefois qu'il y trouvât son compte, et,
comme a dit un plaisant, aucun n'en meurt et beaucoup en
vivent.

Valentin ne se souciait pas trop de la soupe du roi. Il
avait de l'argent, il voulait s'approcher de Julia ; elle tenait table ouverte, il était tout simple qu'il allât s'y asseoir.
Le seigneur Mendoce avait remarqué que le joli soldat portait un habit de drap fin, le chapeau de castor et le bas de
soie, ce qui annonce des ressources. Il mesura son accueil
sur celles que lui supposait ; mais quand son œil eut pénétré au fond de la bourse de Valentin, sa bienveillance devint presque du respect. Il sollicita pour lui l'honneur d'ê-
tre admis à la table de messieurs les sergents, ce qui fut
refusé avec dédain, et ce qui contribua à arranger les affaires de sa femme et du jeune soldat.

Mendoce, piqué du refus qu'il avait essuyé, jura par
saint Jacques de Compostelle ou d'ailleurs de dédommager
Valentin de la manière la plus éclatante. Son couvert fut
mis tous les jours à une petite table où personne n'était
admis, et qui était placée près du comptoir de la signora.
Au moyen de cet arrangement, Valentin faisait l'amour en
dînant, en soupant, ce qui ne laisse pas d'être commode.

Il apprit bientôt que la dona avait deux maris, l'un selon
les lois, et l'autre qui avait été selon son cœur ; mais comme
tout s'use, ce cœur-là avait cessé de parler en faveur de
l'adjoint du seigneur Mendoce, et il se prononçait plus
fortement chaque jour en faveur de Valentin. Or, femme
qui a de l'expérience et qui aime sait, aussi bien que Jean-
Jacques, que la punition de l'occasion perdue est de ne
plus la retrouver. D'après cela, la dona s'empressa de saisir la première qui s'offrit, et elle proclama ce second adjoint le premier homme du monde.

Comme il est assez difficile de mener de front le mariage
et deux intrigues, Julia jugea à propos de mettre Valentin
dans son entière confidence. Elle sentait qu'il n'y avait
que ce moyen-là de l'engager à prendre certaines précautions nécessaires à son repos et peut-être à sa sûreté. Il
apprit donc qu'il avait l'honneur de partager les bonnes
grâces de la signora avec le seigneur Durillon, sergent de
la compagnie à laquelle il était attaché. Il eut connaissance des heures auxquelles se présentait son rival respectable ; on convint de celles où il pouvait venir, sans compromettre sa tendre amante ni lui, et il lui fut enjoint
d'être très-circonspect, parce que le seigneur Durillon
était jaloux comme un Espagnol, et qu'un sergent jaloux
est toujours redoutable pour un soldat.

Un petit événement ajouta à la haute considération que
le seigneur Mendoce avait reçu pour Valentin. M. le major
était un très-bon officier, qui avait reçu une éducation de
gentilhomme. Il savait

Diégo marchait en avant (Page 33).

Valentin et Anda charmaient les spectateurs ébahis (page 48)

Quand nous disons une éducation de gentilhomme, ce n'est pas trop dire, car à cette époque beaucoup de gentilshommes savaient à peine signer leur nom.

Mais le seigneur Mendoce avait reçu une éducation plus soignée que la plupart de ses pareils, il avait fait de bonnes études, mais la vie des camps lui avait fait perdre beaucoup de ce qu'il savait. Il était plus fort sur les armes et sur l'équitation que sur les orateurs grecs et latins, ce qui n'est pas toujours un mal, car il existe bien assez de savants bavards qui vous étourdissent de leur science. En un mot, il savait :

> ...... tirer, boire et signer son nom,
> Et se croyait savant comme feu Cicéron.

Or, plus on sait et plus on veut savoir, c'est l'ordinaire. M. le major jugea convenable d'apprendre le français à juste prix, non pas le français des Pays-Bas, qu'il parlait parfaitement, mais celui de Racine, qui vaut un peu mieux. Il savait que Valentin avait fait de fort bonnes études; plus, qu'il avait été chanoine, et il n'en fallut pas davan-

tage pour lui valoir la préférence sur tous les soldats qui composaient le régiment.

L'intérêt dont le major voulait bien honorer Valentin influa beaucoup sur les dispositions des chefs subalternes.

Valentin était ce qu'on appelle encore aujourd'hui un mauvais soldat, il cherchait à esquiver les corvées, qui sont certainement ce qu'il y a de plus désagréable dans le métier militaire, et couvert par la protection du major, il évitait toutes les punitions.

Nous avons dit, croyons-nous, que le major était avare, il ne voulait pas être en reste avec un de ses inférieurs, mais il ne voulait pas non plus délier les cordons de sa bourse.

Il faut payer, d'une manière quelconque, ceux qui nous sont utiles, et M. le major, qui tenait singulièrement aux espèces, solda le premier trimestre en faisant Valentin caporal. Valentin ne faisait avec plaisir que ce qui lui convenait, et il était un pauvre soldat. Mais les distinctions élèvent l'âme, et notre héros, décoré des marques de son grade, marcha beaucoup plus droit, et fut s'offrir à l'admiration de dona Julia et de son époux, qui le salua jusqu'à terre, et qui, s'il l'eût osé, l'aurait remercié de l'honneur qu'il lui faisait en le...

Ce petit événement eut des suites sérieuses, et cela arrive quelquefois. Si Hélène n'avait pas été jolie, le royaume de Troie existerait peut-être encore ; si Henri VIII n'avait pas été amoureux, les Anglais feraient maigre encore le vendredi et le samedi. Si Valentin n'avait pas été fait caporal, il serait encore soldat au régiment des gardes wallonnes. Mais les caporaux ne sont pas consignés au quartier, et celui-ci, en sa qualité d'instituteur de son major, jouissait de la prérogative de mener promener avec lui quelques soldats, dont il répondait. Il accordait ordinairement la préférence à ceux qui s'étaient *volontairement* engagés avec lui à Urgel.

Un peu plus tard attaché à ce qu'on lui disait être son devoir, depuis qu'il était monté en grade, il s'occupait sérieusement de son métier pendant deux heures, le matin; ensuite il allait dîner et faire l'amour ; puis il tirait des armes et courait les rues de Madrid jusqu'au soir.

Il est difficile à un joli homme de parcourir tous les jours les plus brillants quartiers d'une capitale sans avoir quelques aventures. L'habit de soldat n'a rien de bien engageant pour les femmes d'un certain état. Mais l'amour rapproche les conditions ou plutôt il les fait disparaître. Une belle dame se souvint, en regardant Valentin à travers ses jalousies, que dans le bon vieux temps on avait vu des rois épouser des bergères. Il était tout simple que le beau caporal ne devînt pas, derrière une jalousie, l'objet divin qui brûlait pour lui, et une vieille femme obligeante se chargea de lui annoncer son bonheur. Il fut introduit clandestinement. Son amour-propre et son cœur furent également flattés de ce nouveau triomphe, et dona Julia ne fut plus à ses yeux qu'une gargotière.

Gargotière ou autre, il n'est pas de femme qui ne tienne à ses intérêts, et qui n'ait son grain de vanité. Julia s'aperçut avec douleur que Valentin ne faisait plus de prodiges ; elle en conclut qu'il partageait ses faveurs, et elle ne douta pas valoir infiniment mieux que celle qui lui dérobait le cœur de son amant. Elle ignorait, quoiqu'elle sût bien des choses, que l'amour ne brûle jamais deux cierges devant le même autel, et elle entreprit de rallumer les feux de Valentin.

Un jour, Mendoce était sorti, le sergent Durillon avait payé sa dette, et Valentin se disposait à s'aller promener avec ses protégés. Julia le voit faisant la belle jambe dans la cour. Elle l'envoie appeler ; il arrive, après avoir recommandé à ses camarades de l'attendre.

Julia lui reproche son infidélité, et elle commence, sur la perfidie des hommes, un discours qui paraît à son auditeur devoir être beaucoup trop long. Il l'interrompt brusquement et lui dit : — Je vous ai aimée, c'est fort bien ; je ne vous aime plus, ce n'est pas ma faute. Cette manière de s'excuser ne peut plaire à aucune femme. Julia entra en fureur ; elle dit tout ce qu'une femme outragée peut adresser à un parjure, et Valentin se met à siffler un petit air.

Le sergent qui lui avait arraché un engagement volontaire à Urgel avait été remplacé par un autre, et venait d'entrer, poudreux et haletant, dans la première cour du quartier. Durillon, son ami particulier, lui saute au cou, l'entraîne, le porte presque à la cantine et demande de la limonade. Une servante maladroite les place dans une chambre voisine de celle où se passait l'orageuse explication.

Durillon reconnaît la voix de Julia et il prête l'oreille.

Ce qu'il entend est très-clair et le révolte. Il veut savoir quel est l'insolent qui ose coiffer un homme de son importance; il entre ; il reconnaît Valentin. Son indignation n'a plus de bornes ; il lève la canne sur le caporal, qui est Français. Celui-ci fait un saut en arrière et tire l'épée ; Durillon est forcé de se défendre. Son camarade accourt au cliquetis des armes, et il n'arrive que pour voir tomber Durillon. Valentin le reconnaît. — Ah ! coquin, s'écrie-t-il, c'est toi qui m'a fait administrer à Urgel soixante-quinze coups de canne, et il le charge. Le sergent ferraille un moment, et tombe sur son ami Durillon.

Un caporal qui a tué deux sergents mérite, en Espagne, d'être pendu deux fois, et Valentin ne se souciait pas de l'être une. Il remet son épée sanglante, enferme Julia à double tour, traverse le quartier, sort avec ses camarades, tourne cinq à six rues, et entre dans le premier cabaret pour reprendre ses esprits et penser à ce qu'il va faire.

CHAPITRE V.

On voit une Duchesse infatigable mais prévoyante; puis la Sainte Hermandad rossée par six moines, lesquels se changent en médecins puis en charlatans. — Il est également question du Cid, de voleurs, de coups de feu et coups de canifs dans des contrats espagnols.

Après avoir fait de longues et profondes réflexions, il s'exprime ainsi : — Je ne pouvais me dispenser de tuer Durillon, qui voulait me déshonorer. J'avais encore les coups de canne de l'autre, non sur le cœur, mais sur les fesses, et on n'est pas fâché de se venger, quand l'occasion se présente ; d'ailleurs il eût répandu l'alarme et m'eût fait arrêter. Il était donc indispensable de tuer encore celui-là ; ainsi je n'ai rien à me reprocher. Cependant, comme les lois militaires sont positives, et qu'un conseil de guerre est inflexible, je ne vois qu'un parti à prendre, c'est de déserter. Adieu, mes amis, portez-vous bien, et vivez en joie. — Comment, adieu ! nous ne quitterons pas notre caporal. Nous rentrerons en France, ou nous serons pendus tous ensemble. — Ma foi, vous avez raison ; plus on est de fous, plus on rit.

Ce n'était pas le moment de faire des phrases et de s'arrêter dans un cabaret. Valentin avait encore une vingtaine de louis. Il en donna une partie à ses camarades, leur enjoignit d'aller troquer, chez un juif, l'habit du roi contre des guenilles, et de payer, sans marchander, ce que le fripon leur demanderait en retour. Ils devaient ensuite l'aller attendre où il avait l'habitude de les trouver en sortant de chez la duchesse de... O mon Dieu ! quelle indiscrétion j'ai été sur le point de commettre ! J'allais nommer une de ces dames de haut parage que les romanciers, mes confrères, ne connaissent pas plus que moi, ma duchesse, et que, pour se donner un petit air de vérité, ils désignent par trois étoiles. Or, je ne dois pas m'écarter des errements de mes devanciers.

Valentin, travesti assez promptement, se rendit à l'heure accoutumée chez la duchesse des trois étoiles. Il lui raconta brièvement comme quoi il avait été dans la nécessité de tuer deux sergents, comme quoi il fallait fuir sans délai, et toujours maître de lui, grâce à son rare caractère, il commença des adieux, qui n'étaient propres qu'à le faire regretter davantage. Madame la duchesse versait quelques larmes au premier adieu; elle pleurait au second; sanglotait au troisième; au quatrième, elle était près de suffoquer. — Ma foi, ma chère amie, lui dit Valentin, je suis bien fâché de vous trouver inconsolable; mais, foi de déserteur, je n'ai plus de consolations à vous offrir.

Madame la duchesse, après s'être assurée du fait, pensa à mettre son amant hors de la ville, se réservant, après son départ, de le recommander au grand saint Dominique. Elle mit en course la vieille, qui rentra, une heure après, avec six équipages d'ermites complets. Les beaux cheveux de Valentin furent cachés sous un capuchon, qui lui tombait sur les yeux; madame, de ses mains blanches, le ceignit du fameux cordon; elle lui mit sur l'épaule la corne d'abondance, c'est-à-dire la besace, et pour l'y fixer elle glissa un rouleau dans chacune des sacoches. Elle embrassa tendrement son bien-aimé, le mit à la porte, et recommanda tout bas à la vieille de lui en chercher un autre le lendemain.

Les uniformes séraphiques étaient divisés en deux paquets; Valentin en portait la moitié dans sa besace, et la vieille était chargée de l'autre. Il trouva ses camarades à l'endroit indiqué, et il les mena faire leur toilette sous un pont du Mançanarès. Chacun fixa son épée sous sa souquenille, et on délibéra un moment sur la route qu'on prendrait.

Valentin avait été caporal, et sa gaieté et sa tournure d'esprit lui donnaient sur ses compagnons la plus grande influence. Il est vraiment des hommes qui semblent nés pour commander aux autres. Vous savez bien que Bérénice a dit, en parlant de Titus :

> Qu'en quelque état obscur que le ciel l'eût fait naître,
> Le monde en le voyant eût reconnu son maître.

Ce qui est un peu fort; mais, puisque Racine l'a pensé et rapporté après Bérénice, il ne m'appartient pas de m'étonner que Valentin ait été nommé par acclamation chef suprême de nos fuyards.

Il pensa avec sagacité que six ermites sortant ensemble de Madrid pourraient être remarqués. On convint de se diviser deux par deux, de sortir de la ville par différentes portes, et de se rassembler au village de Paracuellos, qui est sur la route de Siguenza, laquelle conduit à Urgel.

Vous allez me demander comment j'ai la maladresse de renvoyer mon héros dans une ville où il a déjà été arrêté, incarcéré et bâtonné. Rappelez-vous ce fameux vers :

> La critique est aisée, et l'art est difficile.

Et puis ne savez-vous pas que, de temps immémorial, les héros de romans, fidèles ou non à leurs princesses, ne manquent jamais de soupirer pour elles, quand ils n'ont rien de mieux à faire? Un sentiment confus disait à Valentin qu'il reverrait son Estelle; le corrégidor l'avait à peine regardé; l'alcade aurait pu le reconnaître; mais un jeune homme de dix-huit ans change et grandit en douze mois; d'ailleurs le capuchon masque les trois quarts d'une figure, et, tout bien calculé, il n'y avait pas plus de dangers pour nos aventuriers de prendre la route d'Urgel que telle ou telle autre.

Si ces raisons-là ne vous paraissent pas suffisantes, je vous engage, monsieur qui me lisez, à en chercher de meilleures.

Valentin éprouvait d'abord quelque embarras lorsqu'il passait devant un corps de garde. Mais il remarqua avec plaisir que le factionnaire ne manquait jamais de lui présenter les armes; les pauvres se mettaient à genoux et lui demandaient sa bénédiction : on ne pense pas à inquiéter un homme pour qui on a tant de respect. Valentin admira la prévoyance de la duchesse des trois étoiles, qui avait préféré le froc aux plus riches habits. Il sortit de Madrid en lui adressant, par la voie de l'air, un dernier remercîment, et il ne pensa plus à elle.

Valentin et son camarade n'avaient pas fait une lieue qu'ils entendirent derrière eux le bruit de plusieurs chevaux. Quand on a peur, on a l'œil actif et les mouvements prompts. Nos deux ermites se tournent et voient six cavaliers de la Sainte-Hermandad, qui venaient à eux au grand trot. Le premier mouvement du camarade fut de sauter le fossé qui bordait le chemin; le premier mouvement de Valentin fut de l'arrêter par son cordon. — Écoute, lui dit-il, il faut tâcher de n'être pas pendus; mais si nous ne pouvons pas éviter cela, je ne veux pas mourir d'avance du mal de la peur. Il sera temps de s'occuper de finir quand le moment sera venu, et moins nous y penserons, moins il sera dur. Marche tranquillement à côté de moi, et ne t'affecte de rien.

Le camarade céda à l'influence de son chef; mais il tremblait de tous ses membres quand la Sainte-Hermandad arriva. Le commandant salua jusqu'à terre le révérend Valentin; il lui demanda s'il n'avait pas vu quelques déserteurs des gardes wallonnes, et vous pensez bien que Valentin répondit comme vous l'auriez fait vous-même. Les chevaux avaient besoin de reprendre haleine et la conversation s'engagea. Le commandant désira savoir d'où venaient leurs révérences et où elles allaient. Valentin répondit, sans biaiser, que les ermites de la province allaient tenir un chapitre général dans les montagnes situées entre Siguenza et Medina-Celi; qu'ils seraient dirigés par le père provincial des capucins; qui savait le latin comme Cicéron et saint Jérôme, mais qui parlerait espagnol, parce que des ermites ne savent que cette langue; et à peu près. — En effet, Révérence, vous avez un petit accent. — C'est que j'ai parcouru toute l'Espagne, et que j'ai fait mon noviciat dans les Pyrénées. — Qu'a donc le révérend qui est avec vous? — La fièvre tierce depuis huit jours, et le frisson vient de le prendre. — Si j'osais lui offrir un trait de vin de Malaga?... — Offrez, offrez, commandant, et nous prierons pour vous.

Le bon vin ranime nos esprit, et le révérend retrouva du cœur. Il se mit à causer avec facilité, et le commandant, qui était observateur, tira ses tablettes et écrivit : Le vin de Malaga, pris à forte dose, coupe la fièvre tierce à l'instant. Il se proposait de donner sa recette au chirurgien du régiment, qui serait fort aise de substituer un remède agréable au quinquina, qui a un très-mauvais goût et qui coûte cher. Les chevaux reposés et la conversation épuisée, les cavaliers et les ermites se séparèrent très-satisfaits les uns des autres.

Est-ce par prévoyance, ou pour répondre quelque chose, que Valentin a parlé du chapitre général des ermites du canton? Voilà ce que je ne saurais dire. Ce que je sais, c'est que, de quart de lieue en quart de lieue, la Sainte-Hermandad rencontrait deux ermites, et le commandant ne manquait pas, après les avoir salués, de leur demander s'ils avaient la fièvre tierce, et s'ils allaient au chapitre général, comme deux frères qu'il avait rencontrés à une lieue de Madrid. Cette manière d'interroger indiqua les réponses. Nos révérends parlèrent à merveille, à l'exception cependant d'un autre trembleur qui épuisa la petite provision de vin de Malaga du commandant. Il est assez rare de voir des limiers de la justice rendre du courage et des jambes à ceux qu'ils veulent arrêter. Mais comme la chose n'est pas impossible, vous aurez la bonté de la croire.

Les plus avancés savaient donc que leurs camarades les suivaient, et ils ralentissaient leur marche. Le commandant, crédule et bavard, se proposait de passer le reste de la nuit à Paracuellos, et il allait au pas à côté de ses ermites. Les quatre autres arrivent à la file, et Valentin, maudissant le commandant et le bavardage de ses camarades, qui pouvait tout gâter, se glisse entre eux et le cheval à l'homme au vin de Madère. Il commence avec ses frères une reconnaissance qui ne vaut pas celle de Zaïre, mais qui est assez théâtrale; il se félicite de l'honneur qu'il aura de voyager avec eux, et il orne son discours de quelques mots mystiques qu'il a appris à l'Abbaye-aux-Bois. Le commandant était enchanté de l'intelligence et de la piété du révérend. Tout allait bien jusque-là.

Les chevaux marchaient la tête basse et la bride au cou. Celui du commandant bronche, tombe sur le nez, et jette son cavalier, sans défiance, par-dessus sa tête. Dans certaines circonstances, nous sommes entraînés par un premier sentiment d'humanité, qui ne nous permet pas de réfléchir, et moins encore de rien calculer. Valentin s'élance pour relever le commandant; le commandant s'attache à lui, et une de ses mains porte d'aplomb sur le pommeau de cette épée, si bien cachée sous la bure. — Comment donc, révérend, vous portez des armes! — C'est l'épée du grand saint Martin, cavalier comme vous, que je porte dans nos montagnes pour l'offrir à la vénération de nos bienfaiteurs. — C'est différent.

On continua de marcher, et de peur d'une seconde mésaventure, le commandant avait la bride de son cheval passée au bras, et il tirait après lui cette autre rossinante. Il s'avisa de réfléchir, bien qu'il n'en eût pas l'habitude. — Que diable, se disait-il, chaque pays à ses saints, et je me trompe fort, ou saint Martin n'était pas Espagnol. Pourquoi son épée était-elle en Espagne? — Il était cavalier, dit le révérend, et tout cavalier porte un sabre. Quand le soupçon commence à naître, il grandit rapidement. Le commandant laisse son cheval, va porter la main sur le côté gauche de nos ermites et trouve une épée partout. — Par saint Jacques, s'écrie-t-il, vous pourriez bien être les déserteurs que nous cherchons, et je vous arrête, sauf à vous faire réparation si je me suis trompé. A ces mots nos six ermites ont tiré l'épée à la main.

Aussitôt la Sainte-Hermandad recule de vingt pas pour combiner un plan d'attaque. Le commandant a oublié qu'il tient son cheval par la bride, et Valentin est sauté dessus. — La partie n'est pas égale, s'écrie un des cavaliers; nous ne sommes que six contre six. — Et l'ennemi a de la cavalerie, dit un autre de ces seigneurs. Pendant qu'ils pérorent, Valentin range sa troupe derrière une haie inaccessible aux chevaux, et il reçoit une décharge générale des pistolets et des carabines des cavaliers, à qui leur commandant a persuadé qu'on peut tirer sans danger sur ceux qui n'ont point d'armes à feu. Cette décharge ne tue, ne blesse

personne, parce qu'on ajuste mal quand on a peur. Valentin, que rien n'inquiète, n'intimide, ne laisse pas aux ennemis le temps de recharger leurs armes. Il fait de son épée un éperon; et force le cheval qu'il a conquis à franchir la haie. Il va droit au commandant, et jure que, si ses cavaliers déchirent une cartouche, il lui fera sauter la cervelle. Le commandant ordonne de remettre les pistolets dans les fontes et les sabres dans le fourreau.

Les camarades de Valentin s'élancent; chaque seigneur de la Sainte-Hermandad a la pointe de l'épée d'un ermite sur l'estomac; il faut capituler. La première condition est qu'on mettra pied à terre, et voilà nos six ermites à cheval; la seconde est que leurs seigneuries reprendront à pied le chemin de Madrid après avoir livré leurs munitions de guerre. Les poches visitées et retournées, le frère Valentin prend congé du commandant, et lui et ses camarades partent au galop.

— Par saint Jacques, dit l'infortuné commandant, il faut aller à pied jusqu'à Paracuellos et faire sonner le tocsin. On mettra toutes les mules du pays en course; nos chevaux, déjà fatigués, seront bientôt atteints, et pendant qu'on arrêtera ces déserteurs, nous nous reposerons au village; nous en avons bien le droit après le combat que nous venons de livrer.

En effet, tout s'exécute selon ce vaste et noble projet. Deux cents paysans passent le reste de la nuit, c'est-à-dire trois heures encore, à faire leurs dispositions. Le commandant leur enjoint expressément de prendre la route de Carpetanos, parce que les déserteurs ont dit qu'ils allaient à Siguenza, et qu'il est évident, pour tout homme qui a de la pénétration, que leur dessein est de gagner le royaume de Portugal. Après cet effort de génie, le commandant va se coucher, et sa troupe s'empresse d'imiter un si bel exemple.

Valentin, riant comme un fou, avait tourné le village de Paracuellos; les chevaux n'avançaient qu'à la pointe de l'épée; mais enfin ils galopaient toujours, et Valentin, en adressant des remerciements à la Sainte-Hermandad, qui avait pourvu à la sûreté et à la célérité de son voyage, adressait de temps en temps un soupir à Estelle, qui peut-être soupirait aussi de son côté. On fait dix lieues encore en riant, en chantant. On ne pense pas qu'on peut être suivi; on pense moins encore au dénoûment qu'amènerait une catastrophe : on est brave, et on est armé jusqu'aux dents.

Cependant Bucéphalo et le bidet des quatre fils Aymon galopaient bien, mais ils se reposaient et mangeaient de même. Ils n'auraient pu soutenir le régime auquel nos ermites avaient mis leurs coursiers; aussi ceux-ci tombèrent-ils de fatigue, les uns après les autres, à quelque distance du village de Mohernando. — Allons, camarades, dit Valentin, nous avons eu l'agrément de faire douze lieues à cheval; nous aurons maintenant celui de nous promener, ce qui est fort agréable quand la matinée est belle : cela variera nos plaisirs. Brisons les carabines; attachons avec les courroies des porte-manteaux ces pistolets sous nos robes; garnissons nos poches de cartouches. Si on nous cherche querelle, on trouvera à qui parler. En avant, et vive la joie!

Aucun remords n'altéra la tranquillité de Valentin; sa conscience était muette. Eh! de quoi se serait-il repenti? D'avoir crevé les chevaux de la Sainte-Hermandad, qui voulait le faire pendre! Son motif n'était-il pas urgent, et l'urgence n'excuse-t-elle pas tout? Que de gens pillent de sang-froid, sans besoin, sans avoir l'ombre d'un prétexte, et qui pourtant sont très-considérés dans le monde... par ceux à qui ils donnent à dîner?

Pour mieux jouir des beautés de la nature, nos ermites jugèrent à propos de s'embarquer sur une petite rivière qui a sa source au-dessus de Siguenza, et qui se jette dans le Tage à Ruebla-Nueva. Une barque assez commode reçut Leurs Révérences. Le nautonier les combla de marques de respect, et sa femme se hâta de leur préparer à dîner au pied de la barre du gouvernail, qu'elle maniait à ravir. Nos respectables personnages se firent descendre à une demi-lieue de la ville, où ils ne se souciaient pas d'entrer, et quand ils voulurent payer leur dîner, la batelière se recommanda à leur pieux souvenir. Elle les pria, lorsqu'ils seraient dans les montagnes qui séparent Siguenza de Medina-Celi, d'aller voir de sa part le frère Ambroise, un saint ermite qui l'avait guérie de la fièvre, et de lui dire que la signora Caterina serait toujours sa très-obligée et sa très-humble servante.

— C'est charmant! c'est charmant! disait Valentin. On est voituré doucement, on dîne bien, et cela ne coûte qu'une visite à faire à un bon ermite, et nous serons plus en sûreté qu'ailleurs. Je ne me lasse pas d'admirer la prévoyance de madame la duchesse des trois étoiles; c'est une femme admirable... sous tous les rapports.

Ces messieurs, au lieu de suivre le chemin que leur avait indiqué la signora Caterina, jugèrent à propos de se jeter dans la plaine et gagner un petit bois d'oliviers, où ils se proposaient de laisser passer la chaleur du jour et de dormir quelques heures, ce dont ils avaient grand besoin. A l'approche de la nuit, ils tournèrent la ville de Siguenza, et se jetèrent dans les montagnes, où ils n'avaient rien à craindre et où ils délibérèrent sur l'avenir.

Le dîner de la signora Caterina était digéré, et le besoin de souper commençait à se faire sentir. C'est là-dessus que roula d'abord la discussion. Michel, garçon adroit, fut détaché pour fournir à la subsistance commune. La charité ressemble un peu au temps; elle varie, et, en cas de refroidissement, Valentin donna une pièce d'or au camarade, qui se mit aussitôt en route la besace sur l'épaule. On discuta ensuite sur les avantages de l'habit d'ermite, qui étaient incontestables, et sur les grands inconvénients auxquels il exposait des déserteurs. On réfléchit qu'une demi-douzaine d'ermites rassemblés et voyageant sans se pouvoir donner de bonnes raisons paraîtraient suspects; que, tôt ou tard on aurait à faire à des gens plus fins que la signora Caterina et son cher mari; que, si on avait le bonheur de gagner les frontières de France, où il y a déjà assez de fainéants, on y serait infailliblement arrêté; qu'il ne suffirait pas de dire qu'on déserte des gardes wallonnes; qu'il faudrait déclarer son vrai nom, dire ce qu'on faisait avant de quitter la France, et pourquoi on en est sorti. La plupart des camarades de Valentin n'avaient pas la conscience aussi nette que lui, qui avait bien quelques peccadilles à se reprocher. Ainsi on résolut de ne marcher que la nuit, quand on serait sorti des montagnes; de changer de costume aussitôt qu'on le pourrait sans se compromettre; de se séparer, pour être moins remarqués, après avoir dépassé Urgel, et de se jeter chacun dans les mains de la fortune, qui peut-être arrangerait le reste pour le mieux.

Michel revint au milieu de la nuit avec sa pièce d'or et sa besace pleine. — C'est charmant! c'est charmant! répétait Valentin. Ce qui ne l'était pas, c'est que Michel était escorté de ceux qui avaient rempli sa besace. Il avait en vain essayé d'éviter cette marque d'honneur. On lui

avait constamment répété qu'on ne souffrirait pas qu'un saint ermite s'en retournât seul, à cette heure, au risque de se jeter dans quelque précipice. Et puis il régnait dans le pays une fièvre épidémique qui ne tuait personne, mais qui faisait beaucoup souffrir ceux qui en étaient attaqués. Or, puisque le révérend Michel et ses compagnons étaient de l'ordre du frère Ambroise, ils devaient savoir guérir comme lui. Valentin ne comprit rien d'abord au galimatias de ces fiévreux, et il éprouva un certain embarras. Comme il jouissait d'une présence d'esprit qui ne le quittait jamais, il arrangea l'affaire en un instant. — Mes enfants, dit-il aux fiévreux, nous sommes rassemblés des quatre coins de l'Espagne pour aller apprendre du frère Ambroise l'art de guérir la fièvre, que jusqu'ici nous avons traité avec du vin de Malaga. Avez-vous du vin de Malaga? — Non, révérend. — Cherchez-en et buvez-en quatre bouteilles par jour. À propos, y a-t-il loin d'ici au saint ermitage du frère Ambroise? — Encore huit mortelles lieues. — Nous allons partager avec vous ce que la charité nous envoie. Ensuite le plus vigoureux de votre troupe nous guidera dans ces montagnes. Le frère Ambroise le guérira, et il n'aura pas besoin de chercher du vin de Malaga. Les autres retourneront chez eux, et ils nous annonceront à leurs charitables compatriotes; nous nous rendrons au milieu d'eux aussitôt que nous aurons reçu l'instruction nécessaire pour extirper la fièvre... — Oh! révérend, et bien d'autres maux. — Oui, mes enfants, tous les maux nés et à naître.

Le frère Valentin avait en parlant un air si persuadé, un ton si confiant, que la persuasion et la confiance s'insinuèrent dans l'esprit de tous ses auditeurs : un paysan espagnol, d'ailleurs, peut-il douter de ce que lui dit un ermite? On soupa et on soupa bien, parce qu'on avait vidé tous les garde-mangers du village. Valentin fit observer à cet égard que la diète étant le premier moyen de combattre la fièvre, les malades étaient maintenant certains de ne pas succomber au désir de manger, et qu'ainsi tout était pour le mieux. Il répéta l'ordre de boire amplement du vin de Malaga jusqu'à son retour, et promit de leur envoyer quelques médecins à la manière du frère Ambroise, ce qui dispenserait les respectables habitants d'aller chercher la santé à dix ou douze lieues de chez eux.

On finit de souper; on serra ce qui restait dans les bissacs, et on se disposa à continuer de marcher. Les Espagnols pleuraient d'attendrissement en quittant de si respectables frères, et ils ne manquèrent pas de leur demander quelque amulette, scapulaire, ou chapelet. — Je vous donnerai mieux que cela, leur dit Valentin. La poudre noire qui est dans ce petit paquet garantit du tonnerre, et la boule qui est dans le fond guérit la colique. — Faut-il l'avaler, révérend? — Oui, pour la colique; mais si vous la passez au travers du corps, vous jouirez d'un repos inaltérable. — Et comment se passer cela au travers du corps? — La manière de s'en servir est indiquée sur l'enveloppe. Il leur donne à chacun une cartouche, qu'ils ne peuvent pas reconnaître parce qu'il est nuit; il prend congé d'eux, et part.

Le malheureux malade qui servait de guide à la caravane avait plus de zèle que de forces. Il se traînait appuyé sur son bâton, et ne demandait à saint Jacques de Compostelle que de vivre assez pour conduire Leurs Révérences jusqu'à l'ermitage du frère Ambroise. Le frère Valentin lui donnait de temps en temps dans un doigt de vin de la poudre qui garantit du tonnerre. Ce breuvage-là donne des forces en éteignant la fièvre. Mais,

Les préjugés, amis, sont les rois du vulgaire.

Don Diégo, convaincu de l'efficacité du remède, buvait fréquemment et allait toujours. Semblable à ces chevaux dont on ne ranime les jambes usées qu'à force d'avoine et de vin, et qui tombent tout à coup, le pauvre fiévreux tomba, non sous un arbre, parce qu'il n'y en avait pas dans ces montagnes-là, mais à l'entrée d'une caverne, où Valentin et ses compagnons le placèrent sur de la mousse, et, à l'aide des indications qu'ils avaient reçues de lui, ils continuèrent de se diriger du côté de la demeure du frère Ambroise.

Aucun motif important ne les conduisait à cet ermitage, aucune raison ne les en éloignait. Ils pensaient, au contraire, que la vue de l'or est toujours fort agréable pour ceux qui n'en ont pas, et que ce métal est séduisant quand on a l'espoir de s'en approprier quelques parcelles. D'après ce raisonnement, il était vraisemblable qu'on achèterait le frère Ambroise à bon marché, que son intérêt garantirait sa discrétion, et qu'on obtiendrait de lui les services dont on aurait besoin.

Michel, déserteur de la marine française, de la Conciergerie de Paris, et des gardes wallonnes, fit valoir ses connaissances en astronomie et dans l'art précieux d'éviter les gens qui font métier de chercher et de trouver ceux qui évitent tout le monde. Dépourvu d'instrument, il prétendit que, par la force de l'habitude et de l'inspection des étoiles, il guiderait la troupe droit sur l'ermitage désiré. Un ignorant persuade tout ce qu'il veut à de plus ignorants que lui. Le frère Michel se met à la tête de la caravane; on marché pendant le reste de la nuit; on tourne des ravins, des torrents, des précipices. Michel soutient qu'il reste au plus deux lieues à faire, et, à la pointe du jour, on se retrouve à l'entrée de la caverne où on a déposé don Diégo.

— Ma foi, dit Valentin, puisque tu devais nous égarer, il est fort heureux que tu nous aies ramenés ici. Nous sommes sûrs d'un abri pendant la chaleur du jour, et c'est beaucoup. Il est vrai que nos provisions sont très-diminuées; mais, quand l'estomac n'est pas chargé, les idées sont plus nettes, et si Michel n'avait pas si copieusement soupé, il n'aurait pas pris Vénus pour la lune. Entrons, dormons, et nous verrons, au réveil, ce qu'il y aura de mieux à faire.

Michel, honteux, confus, suit son chef, et la troupe se coule dans la caverne. Dès les premiers pas on s'arrête; on a entendu quelque bruit. On prête l'oreille; et une voix forte et sonore étonne nos voyageurs sans les intimider. — Flamberge au vent! s'écrie le frère Valentin. Qu'on avance avec précaution et qu'on ne tue personne, si on n'y est contraint par la nécessité. N'oubliez pas la nature met vingt ans à faire un homme; qu'il ne faut qu'une seconde pour détruire son plus bel ouvrage, et que les regrets ne rendent pas la vie à qui la précipitation, une injuste agression, une coupable ambition l'ont ôtée.

Après des réflexions, des recommandations, des injonctions si sages et si fortes, vous sentez bien sans doute qu'on s'avançait au petit pas, en étudiant le terrain et le plafond à la pointe de l'épée. Bientôt on distingue les accents de cette voix qui avait inspiré tant de défiance. C'était don Diégo qui chantait, à assourdir son auditoire, la vieille romance du Cid. — Je le croyais mort, dit Valentin. — Et nous aussi, disent ses camarades. — Holà, Diégo! — Oh! par saint Dominique, laissez-moi la vie, s'écrie l'Es-

pagnol, et il tombe sur ses genoux, et laisse aller sa tête sur la poussière. On s'approche, on se reconnaît, on se félicite mutuellement. Nos ermites, qui ont cru que Diégo avait le transport au cerveau, sont fort étonnés de lui trouver le pouls parfaitement tranquille. — Écoutez-moi, leur dit l'Espagnol:

Mes compatriotes et moi nous avons cru avoir la fièvre, et je vois bien que nous nous sommes trompés. Un orage affreux a crevé sur notre village il y a six mois, et c'est depuis ce temps-là que nous sommes malades. Il est évident que le tonnerre nous est entré dans le corps à tous, puisque me voilà guéri par la vertu de la poudre qui le chasse. Et il sautait, il baisait les mains des respectables ermites, il chantait, il riait. Je sais depuis quelques jours qu'il était de la famille de ce Diégo qui joue un si grand rôle dans le *Compère Mathieu*.

Il engagea Leurs Révérences à ne pas perdre de temps précieux. Il leur promit qu'avant huit heures du matin ils arriveraient à la hutte d'un pâtre de ses amis, où ils trouveraient un abri, du lait et du fromage. On se mit gaiement en route; Diégo marchait en avant, et pour égayer le voyage, il dansait de temps en temps un fandango à lui seul en s'accompagnant de ces castagnettes. Ces tristes instruments-là sont pour un Espagnol ce qu'est la pipe pour un marin, la tabatière pour une vieille femme, l'eau de Cologne pour la jeune.

C'est en suivant cet imbécile que Valentin arrangeait l'histoire qu'il voulait conter au frère Ambroise; qu'il cherchait ces grands mouvements oratoires qui séduisent, entraînent, enchantent. On arriva chez le pâtre tout simplement, comme on va de Paris à Saint-Cloud; ainsi, je n'ai rien d'intéressant à raconter.

On était au plus à cent pas de la hutte, que Diégo se détacha et entra en courant chez son ami. Bientôt la famille du pâtre sortit avec toute la pompe qu'elle pouvait mettre dans sa marche. Elle se porta vers Leurs Révérences, et baisa, en les abordant, le bout de leurs cordons. Le chef leur dit ensuite que tout ce qu'il avait était à leur service, et finit par les informer que le tonnerre était entré en lui et dans sa femme et ses enfants. Voilà le frère Valentin devenu docteur malgré lui, et plus docteur peut-être que ceux de l'université de Salamanque ou d'ailleurs. En échange du lait, du fromage et du pain noir du pâtre, il vida une douzaine de cartouches dans ce qui restait de vin à sa troupe, et comme un médecin n'est jamais comptable des décès, il gorgea, sans le plus léger scrupule, ses fiévreux de ce breuvage détestable. J'ai envie d'adresser un mémoire à la Faculté sur la vertu de ce remède... Mais non, on n'y répondrait point, parce que cette mixtion ne se trouve dans aucune pharmacopée, et que les innovations sont sévèrement interdites aux jeunes gens qu'on affuble du bonnet doctoral. S'ils s'écartent de la route qu'ont tracée leurs devanciers, ils sont frappés d'un *venial*, qui est bien d'une autre force qu'une assignation, et qui équivaut presque à une contrainte par corps. Je veux donc éloigner toute dissertation scientifique, dont je me tirerais d'ailleurs assez mal, et je raconterai simplement les faits. A l'approche de la nuit, au moment où la caravane allait se mettre en route, le tonnerre était sorti du corps du pâtre et de ceux des membres qui composaient sa famille : ainsi cette découverte infernale, si funeste au genre humain, a été une fois, je ne sais comment, salutaire pour de pauvres montagnards.

On marche pendant une partie de la nuit, et on arrive

enfin à la porte de l'ermitage si désiré. Le frère Ambroise, comme la plupart des Espagnols, dormait le jour et s'occupait utilement la nuit. Diégo frappe, le bon frère vient ouvrir d'un air assez soucieux; mais, à la vue de six uniformes semblables au sien, sa figure s'épanouit. Où diable l'esprit de corps va-t-il se nicher?

Valentin, qui, vous le savez, portait toujours la parole dans les opérations délicates, débuta auprès du frère Ambroise par un compliment très-bien tourné sur les vertus et la science profonde de Sa Révérence. Le bon frère, qui n'avait pas l'habitude de s'entendre louer par une bouche éloquente, jugea qu'il valait mieux répondre par des révérences que par de belles phrases, dont peut-être il ne trouverait pas la fin; semblable à ce bailli qui, en haranguant le bon Henri, répéta trois ou quatre fois : *Lorsqu'Alexandre fit son entrée à Babylone*, et ne put aller plus loin. On sait que Henri IV lui répondit : *Quand Alexandre fit son entrée à Babylone, il avait dîné, et j'en vais faire autant.* Ce petit écart historique n'était pas nécessaire, j'en conviens; mais les auteurs aiment à citer : cela prouve qu'ils ont lu avec fruit, et l'amour-propre s'accommode de tout.

Lorsqu'Ambroise fut las de saluer, Valentin lui apprit que l'archevêque de Grenade, non celui dont Gil Blas fut secrétaire, mais son huitième successeur, avait convoqué ce qu'il y avait de plus fin en ermites dans son diocèse, en Andalousie, en Castille et dans le royaume de Léon, pour qu'ils vinssent près de Sa Révérence s'instruire dans le grand art de guérir. Ambroise ne concevait pas que monseigneur de Grenade eût entendu parler de lui; mais la présence de six ermites attestant sa renommée s'était occupée à publier son succès, il invita ses nouveaux confrères à entrer, d'un air un peu moins modeste que celui qu'il avait pris en les abordant.

Nous avons mille et une descriptions de jardins, de bosquets, de tableaux composés de coteaux, de troupeaux, de pastoureaux soufflant dans leurs pipeaux; il est difficile de résister à l'envie de décrire, quand on a quelque talent en ce genre. On nous a donné beaucoup moins de descriptions d'ermitages, et, ma foi, je décrirai celui-ci, au risque d'ennuyer le lecteur. Et puis, je n'ai pas pris l'engagement de l'amuser du commencement à la fin de ce livre.

Vous saurez donc, mon cher lecteur, ami lecteur, bénin lecteur, qu'on entrait chez le frère Ambroise par l'oratoire : l'aspect de ce lieu dispose les bourses à s'ouvrir. On passait de là à la cuisine, pièce utile aux saints comme aux profanes. Plus loin était la chambre à coucher de Sa Révérence. On y voyait un châlit en forme de bière, au fond duquel était une poignée de paille, sur laquelle tout le monde croyait que reposait le bon frère. Je vous dirai tout bas, bien bas, que sous son châlit était une trappe qui recélait un assez bon matelas, et des draps de lit très-passables pour un ermite. Ne faisons pas de reproches au cher frère de sa petite supercherie; nous savons qu'il est écrit : *Omnis homo mendax*, et ce mensonge-ci était bien innocent.

On entrait de là dans un petit jardin, où Ambroise cultivait les plantes médicinales qui croissent dans les montagnes du Pérou et du Chili : le diable ne ferait pas venir une laitue sur le sol calciné qu'habitait le bon frère. Au fond du jardin était une vaste grotte que la nature avait creusée dans le roc, et qu'un peu de travail avait rendue habitable. C'est ici que j'ai besoin de choisir mes crayons.

A la lueur d'une lampe sépulcrale accrochée à la voûte, Valentin découvre un vaste emplacement, au milieu duquel est un meuble tout nouveau pour lui. C'est la moitié d'un

tonneau, auquel on a ajusté un couvercle. Au centre est une longue barre de fer et le pourtour est garni de cordes (1). Personne, excepté le frère Ambroise, ne sait ce qu'il y a dans la cave. C'est le diable probablement : vous allez en juger :

Autour de cette cuve étaient rangés dix ou douze misérables qui, de leur plein gré, se mettaient la corde au cou ou ailleurs. — Que diable font ces gens-là? disait Michel à Valentin. — Il faut qu'ils soient bien coupables, puisqu'ils font eux-mêmes les apprêts de leur supplice. Le frère Ambroise tient-il ici un tribunal secret, et serait-il à la fois juge et exécuteur de ses arrêts? — Tout cela est fort extraordinaire, répondait Valentin; mais Ambroise ne peut être ni juge ni bourreau : ne t'a-t-on pas dit qu'il est médecin? Nous avons coupé la fièvre avec du vin et de la poudre à canon; il serait bien plus plaisant qu'il la guérît avec un vieux tonneau et des bouts de corde. Voyons, observons. Je ne sais, ami Michel, mais je ne désespère pas d'être médecin avant d'arriver à Urgel. C'est un fort bon métier. On a pour soi un préjugé invincible, et quand on a le droit de lever des impôts sur la crédulité humaine, on est sûr de ne jamais manquer de rien.

A peine le frère Ambroise a-t-il passé les mains sur la barre de fer, que chacun des individus qui l'entourent présente un tableau différent. L'un regarde la barre de fer d'un air hébété et reste immobile, un autre ferme les yeux, un troisième laisse tomber sa tête sur sa poitrine; celui-ci a l'air de dormir; celui-là secoue les bras et les jambes, comme si des couleuvres s'y étaient attachées. Le frère Ambroise étend les mains de tous les côtés; il s'établit un peu de calme, et il commence une conversation avec une jeune femme *qui fait semblant de dormir.*

— Tu vois bien, Michel, dit tout bas Valentin, qu'il n'est question ici ni de jugement ni d'exécution. — Je le vois, répond Michel. — Mais Ambroise se moque de nous, et peut-être de ces gens-là. — Cela m'en a bien l'air. Mais voyons. De ce qu'une chose est nouvelle pour nous, il ne s'ensuit pas qu'elle ne soit pas vraie.

La jeune femme parlait avec une extrême volubilité, et elle avait l'air d'une arrière-petite-fille de Calchas. Elle disait hardiment que son voisin avait une obstruction au foie, et qu'il serait guéri dans six semaines; elle déclarait que sa voisine était grosse d'un garçon; elle affirmait qu'elle-même n'aurait jamais d'enfants, si son mari ne mangeait du céleri pendant un mois; enfin elle avertit le frère Ambroise de prendre garde à lui, parce que les ermites qui venaient d'arriver avaient des armes sous leurs robes.

— C'est un diable, ou c'est un ange! s'écrie l'incrédule Michel. — Ce n'est ni l'un ni l'autre, répond Valentin; mais, parbleu, je saurai ce que c'est. Oui, frère Ambroise, nous avons des armes, parce qu'on nous a dit, quand nous sommes partis de Grenade, que nous pourrions rencontrer des voleurs. Nous avons presque tous servi avant d'avoir pris la voie de la pénitence, et, s'il nous arrive un événement, nous ferons voir aux agresseurs que nous maniions le pistolet comme le rosaire. En terminant cette courte harangue, Valentin retrousse sa robe, et ses camarades suivent son exemple. Ambroise pâlit à l'aspect de l'arsenal qu'on déploie devant lui.

Valentin lui prend la main d'un air affectueux et lui demande s'il sait lire. Le bon frère dit que non. — J'en suis fâché, dit Valentin : vous jugeriez de suite du degré de confiance que vous devez nous accorder. Voilà le di-

(1) Appareil magnétique.

plôme de monseigneur l'archevêque de Grenade; voilà nos noms à tous; voilà la signature et le cachet du révérendissime et illustrissime prélat. Vous sentez bien, mon cher frère, qu'on ne délivre une pièce de cette importance qu'à des gens dont on est parfaitement sûr.

Le bon Ambroise prend le diplôme, et baise avec respect la signature de monseigneur. C'est celle du lieutenant de police de Toulouse qu'il a baisée. Vous vous souvenez que Valentin a conservé un certain passe-port qu'il a tenu de la bienveillance d'un capitaine de dragons.

Les réparations, les excuses du frère Ambroise suivent cette franche explication, et il commence à initier ses néophytes dans les mystères qui chaque jour se renouvellent chez lui. Valentin était jeune; il avait la tête exaltée; on lui présentait des choses nouvelles, et qui, à chaque instant, l'étonnaient davantage. Il se passionna pour le frère Ambroise, pour le vieux tonneau, pour la jeune femme qui voyait si clair avec les yeux fermés, et il voulut opérer aussitôt. — Pas mal, disait Ambroise; vous promettez beaucoup, mon cher frère, et je ferai de vous un très-joli sujet.

Cependant on ne peut pas travailler toujours à rendre la santé aux autres; il faut aussi s'occuper de la sienne. Ambroise n'avait pas encore fait rafraîchir ses confrères, parce qu'aucune considération humaine ne pouvait le déterminer à interrompre ou à suspendre ses importantes fonctions. Mais quand tous ses malades furent sortis, il recueillit les offrandes qu'ils avaient coutume de déposer sous leur escabelle, et il les porta au garde-manger, placé très-fraîchement au fond de la grotte.

Ce garde-manger flatta singulièrement la vue et l'odorat du frère Valentin et de ses compagnons. Non seulement ils se trouvaient dans l'abondance, mais ils remarquaient certaines choses très propres à flatter la sensualité. De ce moment Valentin désespéra de séduire Ambroise, comme il se l'était proposé. Cependant, il fit en coupant une réflexion très-sensée, qui déjà n'était pas nouvelle, mais à laquelle s'arrêtent peu de jeunes gens: c'est qu'il ne faut jamais trop croire aux apparences. En effet, pendant qu'on accolait à la ronde une outre très bien garnie, Valentin tira adroitement une quinzaine de doublons de sa bourse, et il dit à Ambroise: — Monseigneur de Grenade ne prétend pas que nous soyons à charge à Votre Révérence: voilà ce qu'il m'a chargé de vous remettre.

Ambroise sourit à la vue de cet or. — Je n'en ai pas besoin, dit-il. Les apôtres mangeaient ce qu'ils trouvaient moi, je mange ce qu'on m'apporte. D'ailleurs, celui qui m'a instruit dans l'art de guérir m'a souvent répété cette formule respectable: *gratis accepistis, gratis date.* — Cela signifie, reprit Valentin, *vous avez reçu gratuitement, donnez de même.* — Je le sais, lui répondit Ambroise; j'ai eu soin de me faire expliquer cette maxime. Ne l'oubliez jamais, mes frères, et conformez-vous-y quand vous pratiquerez à votre tour.

On se lève; on étend quelques bottes de paille dans l'oratoire; Ambroise salue ses frères, il rentre dans sa chambre à coucher, s'y enferme et travaille probablement à rendre son lit plus commode que ne le croyaient les bonnes gens qui venaient le visiter.

Valentin et ses camarades, sûrs de n'être pas entendus, commencèrent à parler de leurs affaires. On sentit bien qu'on ne gagnerait pas Ambroise, et on ne savait où ni comment on pourrait quitter le froc. Valentin disait que, si Ambroise avait refusé son or, la proposition avait au

moins acquis sa confiance à la troupe; qu'on ne serait pas surveillé, et qu'on partirait, quand on le jugerait à propos, pour aller où on voudrait. — Mais où aller, disait Robert, vêtus comme nous voilà? — Bah! reprit Valentin, tu ne vis que dans l'avenir, et moi je jouis du présent. Nous avons le temps de penser à ce que nous deviendrons, car je veux approfondir ce que je n'ai pu qu'entrevoir aujourd'hui, et dans huit jours je vous accorderai un quart d'heure pour délibérer sur nos affaires. — Comment, huit jours! On nous cherche; on nous trouvera; et... — Et je vous dis que je passerai la semaine ici. Avez-vous peur? Je vais partager entre nous ce que j'ai, et vous partirez demain, à l'instant si vous voulez. — Nous! quitter Valentin! jamais. — Eh bien, dormez et laissez-moi dormir. — Il nous fera tous pendre, disait Lecourt; mais comment abandonner un homme comme celui-là? — Allons, causeur, n'es-tu pas né pour finir? Que ce soit en l'air ou sur le dos, que t'importe? — Il m'importe beaucoup de ne pas finir à vingt-cinq ans. — Eh! tu ne finiras pas. Comment veux-tu que la Sainte-Hermandad se flatte de trouver quelqu'un dans ces montagnes escarpées, couvertes à chaque pas par des ravins, des broussailles, des rocs inaccessibles? Et puis, est-ici qu'on nous chercherait? L'ermitage d'Ambroise exhale un baume de sainteté qui se répand à dix lieues à la ronde. Va, si j'étais capitaine de voleurs, c'est dans ces montagnes que j'établirais le théâtre de mes exploits. Bonsoir; dors tranquille: c'est que tu peux faire de mieux.

Valentin ne quittait plus Ambroise. Il regardait, il interrogeait sans cesse, et le soir il pratiquait. Les autres, obligés de tenir à leurs rôles, avaient l'air fort attentifs, et ne voyaient que les jolies figures, un peu hâlées pourtant, de quelques dormeuses: c'est assez comme cela qu'on voit tout dans le monde. Parmi ces jolies dormeuses-là, il y en avait une qui ne fermait les yeux que de par Valentin. Elle venait seule à l'ermitage, parce que sa cabane n'était qu'à une lieue de là. Valentin persuada sans peine à Ambroise qu'il était tout à fait inconvenant qu'Aurora s'en retournât seule chez elle. On pouvait confier à quelque malade le soin de la reconduire. Mais pourquoi fatiguer des êtres déjà faibles, quand il y a à l'ermitage des jeunes gens sains et robustes, dont l'habit d'ailleurs est fait pour inspirer de la confiance aux parents de la belle? Ambroise trouva le raisonnement de Valentin très juste, et chaque nuit le jeune frère reconduisait Aurora chez elle. Il était parfaitement reçu de la maman, qui peut-être, en voyant un ermite si beau, aurait voulu devenir malade aussi. Valentin se conduisait là avec une extrême réserve; je dois croire qu'il était aussi réservé sur la route. Mais la seconde semaine était commencée, et il ne parlait plus de repartir. Ses camarades, qui avaient aussi leurs raisons de trouver très bonne la méthode du frère Ambroise, n'en parlaient pas davantage. Quelques malins ont prétendu que la jeune femme s'occupaît d'insister sur la nécessité de mettre son mari au cilori. Quoi qu'il en soit, Ambroise était heureux de l'idée de remplir les vues de monseigneur de Grenade; les jeunes frères l'étaient du genre de vie qu'ils menaient à l'ermitage; mais je l'ai déjà demandé: est-il un bonheur durable sur cette terre de tribulations?

Un matin, je ne sais plus de quel jour, le soleil commençait à brûler la cime pelée de la montagne. Ses rayons dardaient d'aplomb sur le toit de l'ermitage, et les jeunes frères, fatigués des exercices de la nuit, étaient entre l'état de veille et de sommeil. On frappe doucement à la porte, et personne ne répond. On frappe plus fort, et Michel ouvre

Estelle soignée par Valentin (page 48.)

Ils avaient continué à jouer la comédie. (page 54.)

les yeux, étend les bras, et crie :

— Qui va là ?

Il entend des murmures étouffés derrière la porte, et il reprend en criant plus haut :

— Qui est là ?

— Frère Ambroise, nous n'avons pas mangé depuis hier midi : soyez assez bon de nous faire donner à déjeuner.

— Mais qui êtes-vous donc ?

— Comment, frère Ambroise, vous ne nous reconnaissez pas ?

— Non !

— Mais vous n'êtes donc pas frère Ambroise ?

— Qu'importe qui je suis, laissez moi tranquillement dormir.

— Donnez-nous à déjeuner, alors, car foi de voleurs...

En un clin d'œil, Michel est debout; il éveille Valentin et lui dit que des voleurs frappent à la porte. Valentin se lève, jette derrière lui robe et capuchon, ouvre en faisant feu de ses deux pistolets. Ses camarades s'éveillent en sursaut et courent sur les pas de leur chef. Les bons voleurs, qui n'étaient pas préparés à cette réception, fuient en jurant que bientôt ils reviendront avec des forces imposantes. On a brûlé de la poudre, et on n'a pas répandu une goutte de sang, parce qu'on ajuste mal quand on n'est pas bien éveillé.

Les yeux encore gros de sommeil, nos six gaillards se regardaient d'un air consterné.

Ils entendaient des pas de tous côtés, et ils s'attendaient à voir arriver les gens de l'Ermitage qui se demandaient ce que signifiaient ces coups de feu, ces cris et ces imprécations.

Valentin perdait la tête, lui qui jouissait toujours d'un aplomb imperturbable, il regardait ses compagnons qui se trouvaient :

« Dans le simple appareil,
« D'une beauté qu'on vient d'arracher au sommeil, »

Ambroise, effrayé de ce tintamarre, accourt en veste et le goupillon à la main. Il voit six grands garçons en chemise, ayant chacun une grosse queue qui leur tombe au milieu du dos. Par sainte Thérèse, se dit-il, ce n'est pas là une coiffure d'ermite. Il parle, il interroge, il presse. On répond mal dans un moment de trouble; les idées se heurtent, s'embrouillent, et on finit par déraisonner. C'est ce qui arriva à l'imperturbable Valentin. Il divagua au point qu'il s'en aperçut lui-même, et il finit par avouer que les six délégués de l'archevêque de Grenade étaient autant de déserteurs. — Malgré cela, ajouta-t-il, nous sommes de fort honnêtes gens : notre affection pour vous et l'offre que je vous ai faite de vous payer vos livres attestent que nous avons des principes d'honnêteté. Nous avons voulu vous défendre, et cela prouve que nous sommes reconnaissants. — Tout cela est fort bon, messieurs ; mais je ne veux pas avoir d'affaires avec les gens du roi, et je vous prie de partir à l'instant. — Comment ! frère Ambroise, vous recevez des voleurs, vous leur donnez à dîner, et vous chassez des déserteurs des gardes wallonnes, des jeunes gens bien nés qui ont droit à quelques égards ! — Je reçois des voleurs qu'on n'arrêterait pas facilement ici, afin de vivre en paix avec eux. Moyennant quelques provisions, ils ménagent cet ermitage et ceux qui le fréquentent. Je me conduis à cet égard comme les puissances européennes, qui font des présents aux voleurs d'Alger et de Tunis pour qu'ils ne dépouillent pas leurs sujets. — Mais les voleurs de ces montagnes... — Font en petit ce que ceux d'Alger font en grand, et je suis fier de suivre l'exemple des têtes couronnées.

Valentin voulait établir une distinction frappante entre lui et des coureurs de grand chemin. Ambroise convenait de certaines choses ; mais il s'appuyait des principes mêmes de ses hôtes pour ne pas faiblir et pour insister sur une séparation qui lui semblait nécessaire et urgente. Nos déserteurs demandèrent qu'au moins il leur fût permis de rester jusqu'à ce que la chaleur du jour fût passée, et c'est tout ce qu'Ambroise voulut accorder.

Le cher frère, qui redoutait l'effet des menaces de ses bons voleurs, prit son cornet à bouquin, et en sonna aussi fort que le lui permettait une poitrine de soixante ans. Un quart d'heure après parurent dans le lointain quatre grands drôles qui grimpaient les rochers et qui sautaient comme des boucs. Ambroise va au-devant d'eux ; il leur parle avec chaleur, et l'explication finit au gré de tous, puisque les bons voleurs reviennent avec le cher frère. En entrant à l'ermitage, ils présentent la main à Valentin et à ses compagnons. On sert un ample repas, et déserteurs, voleurs et médecin se mettent à la même table. On y reste jusqu'au coucher du soleil, et on se sépare en se donnant mutuellement des marques de bienveillance. Nos jeunes gens partent, en maudissant le quiproquo, qui prive l'un d'Aurora, celui-ci de la petite femme au céleri, et les autres de je ne sais quelles beautés du même genre.

On leur avait assez bien indiqué les rochers qu'ils devaient laisser à droite ou à gauche pour arriver à Medina-Celi. La lune éclairait leur marche ; ils avançaient guidés par les chansons de Valentin, Michel l'interrompait quelquefois pour lui parler de l'avenir, et Valentin reprenait sa chanson. — Mais réponds-moi donc, chanteur opiniâtre ! s'écria enfin Michel. Medina-Celi est à l'entrée d'une gorge, nous ne pouvons tourner la ville. Que ferons-nous là, avec nos robes d'ermites ? — Eh ! mon Dieu, nous avons fait trente lieues sans accident dans ce grotesque équipage, pourquoi nous arriverait-il aujourd'hui quelque chose de fâcheux ? — Tu ne doutes de rien. — Eh ! pourquoi veux-tu que je me tourmente ? Faisons ce que nous pourrons pour éviter le mal, et moquons-nous du reste. — Mais, encore une fois, que ferons-nous à Medina-Celi ! — Je n'en sais rien, et je ne m'en inquiète guère. — Mais... — Mais y a-t-il quelque moyen d'éviter cette ville. — Non. — Tais-toi donc et laisse-moi chanter.

Il ne restait plus qu'une lieue à faire pour sortir des montagnes, lorsque le bruit de quelques coups d'escopette arrêta net Valentin au milieu d'un couplet. Il prêta l'oreille et entendit des voix étouffées qui criaient : Au voleur ! au voleur ! — Mes amis, dit-il, nous avons ménagé ceux de l'ermitage, par égard pour le frère Ambroise ; mais ici nous n'imiterons pas singe des têtes couronnées ; tombons tête baissée sur ces gredins-là.

La petite troupe s'avance en poussant de grands cris. Les pauvres voyageurs croient qu'il arrive du renfort aux assaillants ; les brigands jugent qu'il vient du secours aux assaillis ; tous fuient et s'enfoncent dans les montagnes. Valentin et les siens arrivent sur le champ de bataille, et ils y trouvent trois mules pesamment chargées, qui, n'ayant rien de mieux à faire, broutent tranquillement la mousse qui croît dans les crevasses des rochers.

Valentin fait tirer en l'air une vingtaine de coups de pistolet, pour ôter aux propriétaires et aux autres l'envie de rétrograder. Il fait décharger les valises, et il en fait l'inventaire, à la faible lueur du crépuscule naissant. On tire d'abord d'un ballot trois ou quatre habits plus riches les uns que les autres, des cordons, des crachats étrangers, et enfin un rouleau de toile grise. On le déploie, et on y trouve écrit en gros caractères :

> Carlos traite les incurables
> Et guérit leurs maux divers.
> De ses succès presque incroyables
> Il a rempli l'univers.

— Ah ! ah ! dit Michel, c'est l'équipage d'un charlatan. — A qui, reprend Valentin, l'électeur de Cologne ou de Mayence, le pape peut-être, ont fait présent de ces décorations en reconnaissance des prodiges opérés dans leurs petits États. Il est fâcheux pour lui que cette broderie sente le cuivre : mais ceux qui l'écoutent, la bouche ouverte, ne peuvent mettre le doigt dessus, et ils sont dupes du docteur de toutes les manières.

On ouvre la seconde valise, et on lit des pièces importantes, telles qu'un certificat de bonnes vie et mœurs, délivré depuis deux jours au seigneur Carlos par le corrégidor de Siguenza ; des attestations de cures étonnantes et vraiment incroyables, signées peut-être par les servantes des cabarets où a logé Sa Seigneurie ; plus, une quantité considérable de boîtes à pilules et des bouteilles d'un élixir sans pareil.

La troisième valise contient du linge, quelques habits de livrée tout neufs, et aux bâts des mules pendent des étuis où on a enfermé des chapeaux bordés d'un point d'Espagne de plomb et ombragés de plumes de coq.

— Eh bien, dit Valentin à Michel, auras-tu toujours peur de l'avenir ? — Que veux-tu dire ? — Tu ne sens rien. Je prends de ces habits : je m'appelle don Carlos, je suis médecin. Vous endossez la livrée, et vous êtes mes gens. Le certificat du corrégidor de Siguenza à la main, nous parcourons toute l'Espagne. Je guéris ou je tue comme un autre, et je n'ai pas de compte à rendre. Allons, habillons-nous sans perdre un moment.

On jette les robes d'ermites dans un ravin, et chacun prend un habit à sa taille. — Eh bien, ne l'avais-je pas présagé, disait Valentin en s'habillant, qu'un jour je serais un charlatan consommé ? Ces mules nous appartiennent, puisqu'elles sont abandonnées ; nous les monterons alternativement pour nous éloigner plus vite de ceux qui pourraient les revendiquer. Je prends celle-ci ; arrangez-vous des autres, et traversons en toute hâte la ville de Medina-Celi.

L'admiration excessive ôte ordinairement la parole. Les camarades de Valentin le suivaient dans un profond silence, stupéfaits, enthousiasmés de la facilité, de l'adresse avec lesquelles il tirait parti des circonstances. Valentin, de son côté, se laissait aller à ses réflexions. — En fort peu de temps, pensait-il, j'ai été écolier, chanoine, soldat, déserteur et médecin. Je ne sais pas ce que je serai dans huit jours. Nous verrons. Ce qu'il y a de certain, c'est que j'ai fait ces différents métiers tout aussi bien que certaines gens qui n'en exercent qu'un pendant tout le cours de leur vie. Ce que c'est que le génie ! il rend propre à tout ; tôt ou tard il met les hommes à leur place, et ce qui le prouve, c'est que me voilà devenu le maître de mes camarades, et mon empire durera, parce que leurs plus chers intérêts me répondent de leur soumission.

La caravane marchait avec vitesse. Ceux qui n'avaient point de mules à monter avaient pris la queue de celles de leurs camarades, et trottaient ainsi sans se fatiguer beaucoup. On aperçoit enfin le premier pont de Medina-Celi, et Valentin fit faire halte à sa troupe. Chacun secoue la poussière de ses souliers, se donne un coup d'époussette ; le seigneur Carlos règle l'ordre de la marche et de l'entrée. On paraît dans la première rue de la ville avec une pompe telle, que la canaille, frappée d'étonnement, se rassemble autour de nos charlatans et forme un nombreux cortège. Ce rassemblement attire un alcade, qui s'adresse à don Carlos, et qui commence une espèce d'enquête. Don Carlos lui ferme la bouche en exhibant le certificat du corrégidor de Siguenza. A cet aspect, le magistrat subalterne, devenu plus poli, demande si le seigneur docteur ne fera pas quelque séjour à Medina-Celi, et surtout s'il n'y donnera pas quelque parade, que sa femme aime beaucoup. Le docteur répond qu'il ne peut s'arrêter, parce qu'il est attendu à Pietras pour des épileptiques, des cataleptiques, des hydropiques, des asthmatiques, des apoplectiques, des léthargiques, des pléthoriques, des pulmoniques, des rachitiques, des sciatiques, et, pour donner une haute idée de sa science, il débite à l'alcade quarante vers de Virgile, qu'il donne pour des aphorismes d'Hippocrate. Il se promet bien d'être toujours attendu ailleurs, partout où il ne voudra pas s'arrêter, et il sort de Medina-Celi très regretté de la populace, à qui des habits brodés imposent toujours beaucoup, quel que soit l'homme qui les porte.

En cheminant tranquillement et commodément sur sa mule, le seigneur Carlos, qui avait oublié la duchesse des trois étoiles, et qui ne s'occupait que très légèrement d'Aurora, tournait tous ses vœux vers Estelle. En qualité de bon ou de mauvais médecin, il pouvait séjourner à Urgel autant de temps qu'il le voudrait, et il lui paraissait impossible de n'avoir pas, dans cette ville, des nouvelles de sa bien-aimée. — Mais à propos d'Estelle, dit-il à ses camarades, je fais un calcul très simple. Les bons voleurs de la montagne ont tué le véritable Carlos, ou ils ne l'ont pas tué. S'ils l'ont tué, il ne nous suivra pas. S'ils ne l'ont pas tué, il ne pourra nous suivre qu'à pied, parce qu'un marchand de pilules n'est pas riche. Mais, comme notre équipage est très remarquable, il saura où nous avons passé ; il nous joindra à la fin, et réclamera ses mules, qui sont bien à lui, nos habits, que je crois qu'il a payés, faute de crédit, et sa science, s'il y en a dans le fond du chapeau que je porte, comme dans celui du bonnet doctoral. J'aime beaucoup à restituer ; mais ici les magistrats interviendront, et c'est un embarras qu'il faut éviter. En conséquence,

aussi nous fondre au soleil, il ne faut marcher que de jour, nous ne rencontrerons que des chiens et des Français, s'il y en a dans le canton, et nous n'avons rien à craindre de leur part. Nous éviterons les lieux habités, au moyen des provisions dont nous allons garnir nos valises au premier village. Avant de reparaître aux yeux des Espagnols étonnés, nous aurons mis trente lieues entre nous et Medina-Celi, et si Carlos trouve la piste, il sera, ma foi, bien fin.

Depuis longtemps les camarades de Valentin ne savaient que lui obéir, et la sagesse de son plan arracha des applaudissements unanimes. En conséquence, on arrêta à Vilbacil ; on bourra les valises de ce qu'on trouva de mieux, et on jugea à propos de s'assurer de la qualité des provisions qu'on venait d'acheter. Pendant que ces messieurs déjeunaient, un seigneur maquignon se présenta à eux ; il pria Valentin de réfléchir qu'il était indigne de lui que trois de ses gens voyageassent à pied : il ajouta que les chemins étaient durs et difficiles, que sans doute Sa Seigneurie ne marchait que la nuit, et que, si elle le voulait, il lui vendrait trois excellentes mules, qui lui serviraient de guides, tant elles connaissaient parfaitement les chemins des environs ; il suffirait, en sortant d'un village, de dire au premier habitant où on voudrait aller et de mettre les mules sur la route.

Cette proposition plut à Valentin. Il souffrait de voir trois de ses camarades marcher alternativement, pendant qu'il voyageait sur la meilleure des trois mules ; cela pourtant ne l'affectait pas au point de le décider à mettre pied à terre : le *primo mihi* est la devise de tous les hommes. La véritable raison, la déterminante, c'est qu'il ne fallait pas perdre de temps pour dépister le vrai Carlos, et il acheta les trois mules, un peu cher à la vérité ; mais les camarades, qui tenaient aussi au *primo mihi*, ne s'informèrent pas dans quel état était sa bourse. Il y pensa pour eux. — Il ne me reste plus que quelques pièces d'or, leur dit-il, et quand je n'en aurai plus, nous vendrons des pilules. — Quand celles-ci seront épuisées... — Nous en ferons d'autres. — Avec quoi ? — Ma foi, je n'en sais rien, n'importe, bonnes ou mauvaises, on les achètera, on les avalera, et il faut que les voyageurs vivent, ce sont des gens très utiles.

On avait déclaré, à Medina-Celi, qu'on allait à Pietras ; c'était une raison pour n'y point passer. On se dirigea sur Fraga, et en deux jours on arriva à Daroca sans avoir rencontré personne. On était déjà à trente-cinq lieues de Medina-Celi ; on avait eu constamment le soleil sur la tête, et les hommes et les mules avaient le plus grand besoin de se reposer. D'ailleurs Valentin vit bien qu'il était prudent de faire viser, de loin en loin, le certificat dont il était porteur. Il décida donc qu'on passerait deux jours à Daroca, et qu'on exercerait la médecine aux dépens de qui il appartiendrait.

— Parbleu ! s'écria-t-il, en fixant ses camarades, nous voilà jolis garçons : nous ressemblons aux anciens Maures. Que le diable m'emporte si le corrégidor d'Urgel et même son alcade, que j'ai si bien rossés, me reconnaissent jamais !... Mais Estelle ? Oh ! elle me reconnaîtra, car je me nommerai, et tant pis pour elle, après tout, si elle tient à un teint blanc et rosé. Celui qui brave la corde peut supporter la perte d'une maîtresse. — Tu lui diras, reprit Michel, que tu n'auras point passé trois mois dans les rues étroites et boueuses de Paris sans être blanc comme sa chemise. — Allons, allons, préparons-nous à faire la parade. Moi, je ferai valoir mes remèdes. Qui de vous sera mon paillasse ? Toi, Lecourt, tu n'as pas mal l'air bête ; tu répondras des balourdises à tout ce que je te dirai. — Des balourdises ! cela ne me sera pas facile. — Tu ne commences pas trop mal ; continue comme cela, et quand tu ne sauras que dire, tu me parleras français ; je te répondrai en latin, et notre auditoire sera émerveillé. Il nous faudrait une Colombine ; les Espagnols sont amateurs. Attendez, attendez, je vais parler à la servante de l'auberge ; elle est jolie, et nous trouverons bien quelque oripeau pour la fagoter. Pendant que je ferai sa toilette, Michel ira chez le corrégidor demander la permission d'exercer nos talents ; Dubreuil décorera le balcon, et Lecourt y arrangera des chandelles. Robert distribuera des pilules, et Julien vendra l'élixir.

Les femmes espagnoles aiment les teints basanés, elles disent que cela promet. Dona Torribia, l'hôtesse de Valentin, était très connaisseuse, et ne faisait pas difficulté de l'avouer. Auda, la petite servante, n'en pensait pas moins, quoiqu'elle ne dît rien. Ainsi don Carlos ne rencontra point d'obstacles. L'aimable Torribia poussa même les procédés jusqu'à prêter à Auda sa jupe noire brodée d'or. Il n'en coûta à notre héros que quelques complaisances ; mais il était à l'âge fortuné où l'on est complaisant tant que l'on veut. Si Auda avait le cœur sensible, elle avait la tête dure ; il ne fut pas possible à Valentin de lui incruster deux phrases dans le cerveau, et comme il fallait qu'elle fît quelque chose sur le balcon, notre empirique arrêta qu'elle y danserait un bolero avec Dubreuil, qui était à Madrid le maître de danse de sa compagnie.

A la lueur, non de cent flambeaux, mais de six chandelles, Valentin débuta dans la carrière dramatique et musicale. Il commença par faire, selon l'usage, une algarade à paillasse, qui répondit plus mal encore que ne l'avait cru le docteur. Auda, qui avait caressé Bacchus, afin de pouvoir, disait-elle, surmonter une timidité dont jamais personne n'avait parlé, Auda raccommodait par sa gentillesse et sa vivacité tout ce que Dubreuil gâtait. Bientôt des applaudissements sans fin lui prouvèrent l'extrême satisfaction de son auditoire délicat et connaisseur.

Nous sommes tous un peu empiriques, et, dans toutes les classes de la société, on cherche à captiver la bienveillance de celui à qui on peut faire avaler la pilule. Quand Valentin se crut sûr de son public, il pensa à faire valoir sa marchandise. Il cita un vieil Arabe qu'il avait connu dans ses voyages, de qui il avait appris à extraire des minéraux, des végétaux et des animaux ses pilules et son élixir sans pareil. Il fit un long détail des cures qu'il avait opérées dans différentes cours, et il affirma que ses cordons et ses crachats de cuivre étaient des marques de la reconnaissance de certains princes, dont il avait guéri les maîtresses et les chevaux. Il parla latin, il parla français ; il frappa le carreau du pied et le grillage du balcon de ses deux mains ; il ouvrit de grands yeux, une bouche encore plus grande, et, quand il ne sut plus que dire, il laissa à Auda le soin de moissonner.

Auda renchérit encore sur l'éloge que le docteur avait fait de ses pilules. Elle assura qu'elles avaient la vertu de donner de l'amour à la beauté la plus insensible, et elle détermina aussitôt l'auditoire à sortir de l'incertitude dans laquelle il paraissait flotter. La vente fut prompte et rapporta beaucoup, parce que chacun voulait voir de près les jolies petites mines de mademoiselle Colombine, et avoir le plaisir de toucher le bout des doigts de celle qui peignait si vivement l'amour et ses plaisirs.

Le lendemain matin, les grands de la ville, à qui la décence n'avait pas permis de se trouver à la parade, voulurent voir Auda, et, pour la voir, il fallait acheter des pilules. Une salle basse, où elle figurait auprès de don Carlos, ne désemplissait pas. Elle en sortait d'heure en heure pour aller combattre sa timidité à grands coups de verre ; tout le monde la trouvait charmante ; on m'a même assuré qu'on lui fit à l'oreille des propositions auxquelles elle répondit par un sourire pénétrant, et qui peut-être ont eu des suites dans les intervalles d'une séance à une autre. Ainsi, une petite servante de cabaret, inconnue, ou dédaignée la veille, devint tout à coup un personnage intéressant et recherché. Que d'exemples on a vus de ces rapides métamorphoses, qui me révolteraient si je n'aimais mieux rire de tout !

Valentin sentit que rien ne trompe et ne persuade les hommes aussi facilement qu'une femme jolie et adroite. Il résolut de s'attacher celle-ci jusqu'à ce qu'il retrouvât Estelle, qui, lorsqu'elle était présente, n'avait jamais de rivale. Il proposa à Auda de le suivre lorsqu'il partirait de Daroca, mais sous la condition expresse qu'elle n'accepterait aucune proposition à l'avenir. Auda consentit de bon cœur, mais aussi sous la condition expresse qu'à l'avenir Sa Seigneurie ne ferait sa cour à aucune Torribia. Que risquait Auda ? Elle savait bien qu'elle ne serait pas la première qui, après avoir eu un carrosse, aurait été obligée de trotter à pied, et il y a des cabarets partout.

Les conditions bien et dûment arrêtées de part et d'autre, Auda continua de sourire aux galants, et Valentin à faire une cour très active à son hôtesse. Tout le monde était content, jusqu'à l'hôte qui n'était pas sourd, mais aveugle : incommodité très précieuse pour certaines femmes.

Cependant les pilules et l'élixir se vendaient, se vendaient !... On ne parlait que de cela dans la ville, et on commençait à leur attribuer des miracles. La caisse de Valentin était très passablement garnie : mais il ne restait presque plus rien à vendre, et Valentin était très décidé à être médecin jusqu'à ce qu'il eût mis le pied sur le territoire français. Il savait que là on ne peut distribuer un bon remède si on n'a soutenu trois examens, qui ne sont d'aucune utilité à l'espèce humaine, mais qui donnent au récipiendaire le droit de tuer impunément.

Il s'agissait donc de remplacer les pilules et l'élixir, dont on faisait une énorme consommation à Daroca. Valentin avait assemblé son conseil, et on balançait entre le sirop de miel et celui de raisin, entre la rhubarbe et le quinquina, lorsqu'un petit homme, très en colère, ouvrit brusquement la porte et apostropha notre docteur en ces termes : — Il vous sied bien, ignorant que vous êtes, de vous dire l'auteur d'un remède qui est connu depuis des siècles... Il est bon, très bon, j'en conviens ; mais, parbleu, je l'ai décomposé, et la recette est tout entière dans Galien. — Je nie le fait ! répondit hardiment Valentin. — Ah ! vous niez le fait, imposteur ! répond l'apothicaire, et il arrache Galien de sa poche ; il jette le livre sur une table ; il le parcourt avec impatience ; il s'arrête, et il lit du ton le plus animé la nomenclature des drogues qui composaient l'élixir et les pilules. Michel, qui ne valait pas son chef, mais qui avait aussi de l'esprit du moment, écrivait pendant que l'apothicaire lisait, et que Valentin le contredisait sans ménagement, pour l'engager à se livrer davantage. Quand il eut tiré de lui ce qu'il pouvait en apprendre, quand il eut su que les simples qui entrent dans la composition du remède se trouvent dans les montagnes des pays chauds, et qu'il fut certain de les trouver sur sa route, il s'adoucit tout à coup, et il montra froidement au pharmacien la note que Michel venait d'écrire. — Je n'ai pas prétendu vous apprendre quelque chose, lui dit le petit homme ; mais j'ai voulu vous faire convenir que vous n'êtes pas l'inventeur du remède. — A la bonne heure. — Or, si vous n'en êtes pas l'inventeur, j'ai le droit de le préparer et de le vendre comme vous. — Eh bien, soit. Avez-vous déjà fait de mes pilules et de mon élixir ? — Jamais. — Je vais vous donner une preuve de l'envie que j'ai de vivre en bonne intelligence avec vous en vous dirigeant dans votre préparation. — Voilà ce que j'appelle parler. Si vous m'eussiez répondu ainsi d'abord... Si vous m'aviez abordé plus poliment... — C'est vrai, j'ai tort. Je suis naturellement très vif ; mais je reviens de même. Allons, mon cher confrère, préparer le remède de Galien.

Vous sentez bien que Valentin voulait prendre une leçon au lieu de la donner. Il se proposait aussi de reconnaître les plantes qui entreraient dans la composition du remède, pour les pouvoir cueillir avec confiance quand il en aurait besoin. Il parut se donner un air de grandeur en se faisant suivre par ses gens : son véritable motif était qu'ils vissent comme lui, et que ce qui échapperait à l'un fût recueilli par l'autre.

Notre docteur, un œil sur l'apothicaire et l'autre sur Galien, ouvert devant lui, dirigeait, ordonnait tout. Quelquefois il se levait, passait amicalement son bras autour du cou de son frère, regardait avec lui le degré d'ébullition du contenu de la chaudière, proposait des difficultés pour sa les faire résoudre, et donnait à Michel et à ses camarades le temps de mettre dans leurs poches les échantillons de la mixtion qui se préparait. Le tout mûrement et bien terminé, on fit des pilules avec de la poudre de réglisse, de l'élixir, en délayant la matière avec du vin d'absinthe, et l'apothicaire pria don Carlos à dîner avec lui. Il n'était pas généreux, mais il voulait obtenir quelque chose encore de son confrère. Entre la poire et le fromage, comme disent les bonnes gens, il lui proposa de signer une espèce de pancarte qui l'autoriserait à vendre le remède merveilleux qui faisait tant de bruit. — Mes confrères pourront le décomposer comme moi ; mais ils n'iront pas feuilleter Galien, et, la permission de l'inventeur à la main, je les empêcherai de fabriquer. Notre docteur, qui partait le lendemain, ne voyait pas le moindre inconvénient à ce qu'on vendît ses pilules à Daroca, où il ne comptait bien plus revenir. Mais, avant que de signer, il pria son confrère de reconnaître ce service par un autre : c'était de lui abandonner ce qu'ils venaient de fabriquer ensemble, parce que sa pharmacie était épuisée, et qu'il se proposait de s'arrêter et de vendre au premier endroit un peu considérable qu'il trouverait en sortant de Daroca. Le confrère, enchanté de cette modération à laquelle il ne s'attendait pas, fit aussitôt transporter pilules et élixir chez Valentin, de qui il reçut le droit incontestable de distribuer le remède dans la ville et dans la banlieue.

Torribia aimait beaucoup notre médecin roulant ; mais elle n'était pas d'humeur à laisser ses habits à Auda. On employa le reste de la journée à faire un costume de théâtre, et un autre propre et commode pour la route. On tira du corrégidor un certificat des plus avantageux ; on acheta une charrette couverte pour y mettre, à l'abri du soleil et de la pluie, Colombine et les herbes qu'on cueillerait à droite et à gauche du chemin. On n'oublia pas de la garnir de provisions de bouche ; on mit la mule de Don Carlos aux brancards, ce qui donnait le droit au docteur de s'asseoir auprès d'Auda, et on sortit de la ville comme on

y était entré, la chansonnette à la bouche, le sourire sur les lèvres et la gaieté dans le cœur.

Oh ! si Estelle savait tout cela !... Peut-être de son côté fait-elle pis : que sait-on ? C'est ce que disait Michel à Valentin. — Si nous nous rencontrons, répondait celui-ci, ce que nous aurons de mieux à faire sera de ne nous demander aucun compte et de jouir du présent. — Mais Auda, par sa présence seule, déposera contre toi. — Pas du tout. C'est une femme de chambre que je mène à ma bien-aimée ; peut-on pousser plus loin la prévoyance et les attentions ?

C'est une terrible chose que le mauvais exemple, surtout quand il est donné par un chef. On a vu les courtisans de Philippe vouloir être borgnes, parce que le maître avait perdu un œil. Les flatteurs de monsieur son fils, avant d'en faire un fils de Jupiter, inclinèrent leur tête sur l'épaule, parce qu'Alexandre ne portait pas bien la sienne. Ici il s'agissait moins de faire la cour au chef que de satisfaire ses goûts ; cependant on l'assurait qu'on se faisait un devoir de l'imiter, et, bien qu'on n'eût de femme de chambre à conduire à personne, on ne négligeait aucune occasion de procurer de la société à Auda, qui aurait été seule quand le maître fabriquait des pilules. A chaque recrutement nouveau que faisait la société, Valentin disait : — C'est bien. Il ne suffit pas que tout le monde vive, il faut aussi que chacun s'amuse.

Cependant les moyens d'existence diminuaient à mesure que la colonie errante s'agrandissait, et il faut que les peuples nomades vivent aux dépens de la nature ou de leurs voisins. Or, il n'est pas facile d'avoir impunément recours à la nature depuis qu'on a bien voulu croire que la terre appartient exclusivement à quelques individus privilégiés. Valentin se décida donc à continuer de lever des impôts sur le public. Il se souvint que, semblable à l'abbé de Voisenon, il avait fait, étant chanoine, un joli opéra-comique. Il ne douta pas qu'il pût composer d'excellentissimes parades, et, par un seul acte de sa volonté, il transforma ses valets et leurs donas en une troupe de comédiens. Il écrivait lorsqu'on faisait paître les mules ; il écrivait en déjeunant, en dînant, en soupant. Quand il avait fait une scène, il la lisait à Auda, et quand Auda avait ri, Michel tirait les rôles. On les étudiait en marchant, on les répétait dans les cabarets. Valentin inspirait ses acteurs ; il leur communiquait ses intentions, son esprit ; et comme Auda riait toujours, le répertoire se formait avec une étonnante rapidité.

Arrivait-on dans un bourg où il n'y avait pas de malades, et où depuis la formation du globe on n'avait pas joué la comédie, on dressait des tréteaux dans une grange, et on charmait les spectateurs ébahis. Le directeur-auteur jouissait de toutes les manières : on l'applaudissait, et la troupe vivait dans l'abondance. Quelquefois le public se plaignait de voir un grand seigneur en habit de livrée, un cassandre de vingt ans et une vieille radoteuse jolie comme sainte Marie l'Egyptienne. Valentin répondait que ses acteurs vieilliraient, et que les garde-robes arriveraient le lendemain. Le lendemain il était parti.

Si la troupe entrait dans un endroit où la nature se montrait marâtre et où la médecine aidait à la nature, on tirait des cassettes de baume de fier-à-bras, et on faisait une ample récolte. On trouvait partout du plaisir, partout de l'argent. Quelle vie pour un garçon sans souci ! — Parbleu ! disait-il à ses camarades, nous jouerons la comédie à Urgel. Nous avons du talent, beaucoup de talent ; toute la ville voudra nous voir. Si Estelle y est encore, elle ne laissera pas échapper cette occasion de s'amuser ; elle reconl'altéra ma voix et peut-être ma figure, qui commence à blanchir depuis que je voyage en charrette couverte, et... et... et nous verrons, — Et, reprenait Michel, quand notre réputation sera faite à Urgel, que nous aurons grands et petits dans notre manche, nous dirons que nous voulons aller jouer la comédie à Ax, où on entend assez bien l'espagnol. Nous demanderons des passe-ports, on nous en donnera, et quand nous serons à Ax, ma foi... — Nous verrons. La troupe menait une vie joyeuse et commode ; aucun nuage ne troublait la sérénité qui régnait sur toutes les figures. On avait oublié qu'il pouvait exister par le monde un certain Carlos dont la présence compromettrait un peu la sûreté générale.

On avait dépassé Fraga, Balaguer, Salsona ; on n'était plus qu'à dix lieues d'Urgel. L'amour de Valentin pour Estelle se ranimait à mesure qu'il croyait se rapprocher d'elle, et Auda ne s'en trouvait pas mieux. De loin en loin, elle avait entendu murmurer le nom de cette Estelle. L'air de mystère et le ton d'intérêt avec lesquels Valentin en parlait lui avait donné des soupçons : en amour, une servante de cabaret en sait autant qu'une duchesse. J'avoue t ès volontiers qu'elle ne s'exprime pas aussi bien, et Auda revint à son premier métier dans l'explication qu'elle jugea à propos d'avoir avec M. le docteur. Toutes les femmes ont la manie de s'expliquer, et toutes ont éprouvé que cela ne sert pas à grand'chose. Auda mit tant d'acrimonie dans son style, elle fronça tellement le sourcil que Valentin, qui avait commencé par écouter, finit par lui rire au nez. — De quoi te plains-tu? lui dit-il. Tu étais servante de cabaret ; je t'ai faite comédienne, et je t'ai donné assez de talent pour que tu puisses te présenter à la troupe de Madrid. Depuis que tu joues la comédie, tu as eu plus de plaisir que pendant tout le reste de ta vie : tu peux en avoir aujourd'hui et demain ; que t'importe l'après-demain?—Cela est bien aisé à dire. —Parbleu! je ne m'en occupe pas, moi ; et je me suis promis surtout de ne jamais me laisser contrarier. Fais-moi grâce de tes hoquets et de tes jurons, ou je te laisse au premier cabaret où la troupe s'arrêtera, et tu t'arrangeras comme bon te semblera. — Oh! cette Estelle, cette maudite Estelle!... — Si je la rencontre, je te quitte à l'instant. Et qu'est-ce que cela te fait? Suis-je le premier que tu as aimé, et crois-tu que je doive être le dernier? Tu me fais, au style près, une excellente scène dramatique, et je t'ai vue dix fois regarder Michel d'une manière... Tout à coup les muscles du visage d'Auda se détendirent, le calme reparut dans ses yeux et sur son front, elle éclata de rire à son tour, et elle répondit à Valentin par une tirade philosophique prise dans une de ses meilleures pièces. — Nous avons toutes le goût du changement, et quand nous querellons un infidèle, ce n'est pas du tout parce qu'il nous rend libres de faire un nouveau choix, mais parce que l'abandon où il croit nous laisser blesse vivement notre amour-propre, et que la vanité est notre passion dominante. Celle-là d'abord, le plaisir ensuite, et enfin l'amour, s'il se présente.

Il est constant que Valentin fait parler ici des femmes un peu en garçon sans souci, et, quoique je tienne à lui d'une façon toute particulière, je ne balance pas à le déclarer calomniateur : *Experto crede Roberto.*

Si deux armées pouvaient se rire au nez, il est constant encore qu'elles ne se battraient pas. Ici les deux ennemis désarmés terminèrent la plus orageuse explication, comme ont coutume de le faire des médecins divisés d'opinion : *Passez-moi la rhubarbe, et je vous passerai le séné.* Il fut convenu entre Valentin et Auda que chacun ferait exclusi-

vement tout ce qui lui conviendrait, et ils conclurent de cet arrangement qu'ils se retrouveraient avec un plaisir plus vif. Les gens du grand monde sont assez de cet avis-là.

Il est à propos de remarquer que le frivole, l'insouciant Valentin savait garder un secret, et que la mauvaise humeur d'Auda n'aurait pu, si elle s'était soutenue, lui attirer aucun désagrément à Urgel. Elle le croyait fermement comédien et médecin, et ne savait rien de ce qui avait amené une suite de métamorphoses assez romanesques, mais cependant bien vraies, et vous n'en doutez pas.

CHAPITRE VI.

Arrivée à Urgel. — Ainsi que le lecteur perspicace l'a préconçu, Estelle est devenue la nièce attitrée du corrégidor.— Comme quoi un corrégidor et quatre médecins peuvent faire cinq bêtes. — Estelle avoue son douloureux cas... Valentin s'en console et le chapitre finit gaiement par un échange général et amiable d'Epoux et d'Epouses.

Un beau jour, à huit heures du matin, la troupe joyeuse aperçut enfin les clochers d'Urgel. Valentin fit dans sa charrette une espèce de toilette ; il peigna et noircit la moustache que la nature lui avait donnée depuis que le roi d'Espagne lui avait fait témoigner qu'il serait fort aise de l'avoir à son service.

On entra dans la ville ayant sept ou huit certificats à la main ; on se logea à la meilleure auberge, qui pourtant ne valait pas grand'chose, et le premier soin de Valentin fut de s'informer de mademoiselle Estelle. Vous sentez bien qu'il prenait des détours pour arriver jusqu'à elle. Il demandait des nouvelles de gens qui n'avaient jamais existé ; il la nommait ensuite d'un ton indifférent. Il indiquait sa taille à l'un, la couleur de ses cheveux à l'autre ; son âge à celui-ci, la coupe de ses yeux à celui-là. Il n'entrait dans aucun détail suivi avec personne, et tout le monde s'accordant à lui répondre qu'on ne connaissait pas de mademoiselle Estelle à Urgel, il en conclut assez légèrement qu'elle n'y était pas, et il résolut de ne pas se fatiguer plus longtemps là-dessus la tête et le cœur.

Cependant il ne voulait rien avoir à se reprocher. Estelle n'était pas à Urgel, à la bonne heure ; mais les circonstances pouvaient l'avoir conduite dans quelque village, peut-être dans quelque ville des environs. On imprimait à Urgel, comme dans toutes les places *importantes*, un mauvais journal que tous les habitants veulent lire, parce qu'on aime tout ce qui vient du cru. Demandez aux bourgeois de Suresnes s'ils ne trouvent pas leur vin excellent. Valentin porta à M. le propriétaire, rédacteur, imprimeur, ti eur et plieur du journal d'Urgel, une longue et pompeuse annonce de son arrivée en cette ville. A travers l'énumération de ses talents dramatiques et médicaux, il avait glissé quelques phrases à double sens qu'Estelle seule pouvait entendre, et, si elle lisait le journal, il était indubitable qu'elle accourrait à Urgel, à moins pourtant, ajoutait Valentin, qu'elle ne se trouve bien où elle est.

Le propriétaire de la gazette, qui devait se croire fort heureux qu'on contribuât à remplir sa feuille, fit cependant payer assez cher à notre héros l'insertion de son article ; et Valentin, assuré qu'il paraîtrait le lendemain, alla hardiment se présenter chez le corrégidor : c'est par là qu'il aurait dû commencer.

Il frappe à la porte, et la vieille Inès vient lui ouvrir. La jambe droite en avant, la main gauche appuyée sur le pommeau de son épée, son chapeau à plumes sur l'oreille, la moustache haute et le nez au vent, il demande à parler au corrégidor. Inès le prend pour un grand seigneur et l'introduit aussitôt. Le corrégidor s'incline jusqu'à terre; mais, quand il sait qu'il n'est question que de pilules et de comédie, il a le ton tranchant, et Valentin, qui a une permission à obtenir, veut prouver qu'il la mérite. Il parle de ses cures, il débite de sa prose et de ses vers... — Ta! ta! ta! s'écrie le corrégidor; que m'importe à moi que vous soyez bon ou mauvais comédien, habile ou ignorant médecin? J'en ai un dans les mains duquel j'espère mourir. L'essentiel est de prouver que vous avez réellement exercé dans les lieux que vous venez de nommer. Voyons vos certificats. Ah! je ne trouve pas mes lunettes... Sa Seigneurie ne se trouvait jamais quand il fallait lire en présence de témoins. — Inès, allez chercher mon greffier ou l'alcade. Pendant qu'Inès cherche, Valentin fait cent contes plus plaisants les uns que les autres au corrégidor. Sa Seigneurie, qui n'avait jamais ri de ce que lui disaient ses inférieurs, ne put résister au torrent de saillies qui échappaient du cerveau de Valentin. Mais il avait fait d'abord des efforts si violents pour ne pas déroger que la respiration lui manqua tout à fait. Il devint rouge, bleu, noir, et un corrégidor d'Urgel allait être suffoqué dans les mains de notre docteur, comme dans celles de tout autre, si celui-ci eût perdu de vue un moment le passe-port à l'aide duquel il comptait passer à Ax avec Estelle ou une autre.

Il ne savait pas si son élixir ou ses pilules pouvaient prévenir une suffocation absolue; d'ailleurs il n'en avait pas dans ses poches, et il se hâta d'employer les procédés de frère Ambroise. Il en obtint les effets qu'ils produisent assez souvent. Le corrégidor, qui cinq minutes auparavant avait un pied dans la barque à Caron, fut enchanté, plus pour lui que pour le bien de ses administrés, d'être rendu à la vie, et proclama Valentin le plus grand médecin qui eût jamais existé. Inès n'avait rencontré ni le greffier ni l'alcade; mais les certificats de notre docteur furent trouvés excellents, admirables. Le corrégidor prétendit que la crise dont il sortait lui avait laissé un tremblement qui ne lui permettait pas de tenir une plume. Il invita Valentin à écrire lui-même la permission et à y apposer sa griffe. Il courut ensuite annoncer chez tous les gens en place qu'il était arrivé à Urgel un médecin qui faisait rire à volonté et qui guérissait les suffocations avec le bout de ses doigts. On savait que le corrégidor était une bête, et ce qu'il contait paraissait doublement invraisemblable. Cependant les médecins d'Urgel tremblèrent: c'est toujours par là qu'on commence en Espagne et peut-être ailleurs quand on parle d'un moyen curatif nouveau.

Ils ne manquèrent pas de publier partout que le corrégidor, personnage très respectable sans doute, avait été dupe d'un charlatan, et qu'il serait affreux qu'on accordât quelque confiance à un homme incapable de tuer un malade, selon les formes admises à l'université de Salamanque. Valentin, enchanté d'un succès qui mettait le corrégidor dans l'impossibilité de lui rien refuser, se promenait sur les places et dans les rues avec la fierté d'un grand d'Espagne de la première classe. Il jouait la comédie plutôt en homme qui veut bien obliger le public qu'en acteur qui cherche à captiver sa bienveillance. Il ne paraissait plus à la parade; il se bornait à faire inviter par le paillasse Lecourt ceux qui avaient mal aux dents, à la tête, à la gorge, à l'estomac, à passer dans son salon. Il lé-

guérissait presque tous, et, après s'être brouillé avec les médecins pour une suffocation, il se brouilla avec les chirurgiens pour les dents qu'il ne tirait pas, pour les saignées qu'il les empêchait de faire. Il n'y a pas de petits ennemis, dit un vieux proverbe. Que n'a-t-on à redouter de ceux qui sont puissants, de la crédulité, de la confiance générale et d'une suprématie de science inintelligible pour le vulgaire.

Quand Valentin ne se laissait pas aller aux fumées de l'amour-propre, il revenait à ses pilules, à Estelle et surtout à Auda, qui était présente. Il était toujours au mieux avec le corrégidor, qui, de temps en temps, l'envoyait chercher pour le faire rire. Il était connu, et demandé partout; partout il obtenait quelque succès, et il commençait à croire que la méthode du frère Ambroise vaut bien celle de Galien. Plus d'une duègne le faisait appeler pour une dent, et il avait un billet doux à lui reme tre. Il riait, il chantait plus que jamais, et il aurait cédé de suite aux instances de ses camarades, qui étaient impatients de rentrer en France, si un pressentiment secret ne lui eût dit sans cesse qu'il reverrait Estelle et que ce serait à Urgel. Vous verrez bientôt qu'il ne faut pas plus se moquer des pressentiments que des tireuses de cartes.

Jour déplorable! jour de deuil! s'écrie Bossuet dans l'oraison funèbre d'Henriette d'Angleterre. Jour déplorable! jour de deuil! répétait-on dans tous les coins de la petite ville d'Urgel. Dona Séraphine, la nièce du corrégidor, venait d'être frappée de paralysie sur toute la partie droite du plus joli petit corps qu'ait jamais formé la nature, et ce n'était rien que le corps, disait-on de tous les côtés; elle unit à l'esprit et aux talents des qualités solides et le plus heureux caractère. Si elle eût été la nièce d'un savetier, personne ne se fût occupé d'elle.

Il était fort égal à Valentin que le corrégidor eût ou n'eût pas de nièce, qu'elle eût de l'esprit ou qu'elle fût idiote, qu'elle fût ou non paralytique; mais on la disait jolie, et une femme jolie inspire toujours de l'intérêt à un jeune homme. Il parlait de Séraphine à tout le monde, et il apprit qu'elle avait été élevée dans un des meilleurs couvents de France; qu'elle avait reçu une excellente éducation; qu'à la mort de ses parents son oncle avait résolu de la prendre avec lui, et qu'il l'avait annoncée à toute la ville trois mois avant qu'elle y arrivât; qu'elle avait plu partout où elle avait été présentée; que les dames se l'arrachaient et notaient les soirées qu'elle allait passer avec elles. On ajoutait enfin qu'elle était au milieu de quatre médecins qui avaient déjà fait quatre consultations. Le résultat de la première était qu'il y avait peu d'exemples de paralytiques guéris par la médecine. La seconde se termina par ce mot remarquable: experiamur. On ne put convenir à la troisième de la manière dont on essaierait, et à la quatrième les avis furent différents, ce qui arrive quelquefois même à Paris.

Que diable, se disait Valentin, cette Séraphine-là ne peut être mon Estelle! j'aurais bien défié le corrégidor d'annoncer notre arrivée ici trois mois d'avance. Mais son oncle peut lui avoir parlé de celle que je cherche, quand j'y pense, et je veux prétendre aussi à l'honneur de la guérir. Je ne sais pas si le frère Ambroise ôte des paralysies avec le bout des doigts; ainsi je me présenterai modestement et je me garderai bien de rien promettre. Mais comment pénétrer dans la chambre d'une malade occupée par quatre médecins?

Il ne fut pas longtemps dans l'incertitude. Ces médecins discutaient toujours et ne faisaient rien. Le corrégidor était une bête; mais il savait bien qu'on ne guérit pas en causant, et il n'entendait pas que sa nièce n'eût que la moitié d'un corps à sa disposition. Il pensa au docteur qui faisait rire et qui guérissait les suffocations. Il congédia les quatre médecins et il fit appeler don Carlos.

On ne résiste point à un corrégidor; mais on murmure, on se plaint, et les élèves de Salamanque rangèrent en un jour tous les habitants notables de leur côté. En effet, comment préférer un empirique à des gens qui ont acheté un bonnet de docteur? Il est très possible qu'ils ne guérissent pas dona Séraphine; mais Carlos peut-il se flatter de le faire? Le peuple, au contraire, approuvait hautement la conduite du corrégidor; il rappelait toutes les cures que notre docteur avait faites, et il criait dans les carrefours qu'il guérirait Séraphine. La crédulité est le partage de la canaille, disaient les médecins. L'orgueil et l'entêtement sont celui des gens comme il faut, répondait le peuple. Ainsi il y avait scission dans la petite ville d'Urgel, et de là à une guerre civile le passage est rapide. Heureusement les choses n'allèrent pas jusque-là.

Valentin, sans s'embarrasser de ce qu'on dirait ou de ce qu'on ne dirait pas, s'était rendu de suite à l'invitation du corrégidor. On l'introduisit dans une chambre où l'intéressante malade était étendue sur une chaise longue. Le jour n'était pas assez vif pour qu'il blessât l'œil dont l'usage lui était resté; cette chambre n'était pas assez obscure pour qu'on ne pût distinguer les traits d'un visage qu'on cherche à détailler quand on est prévenu qu'il réunit tout ce qui peut plaire. A peine don Carlos a-t-il regardé Séraphine qu'il pousse un grand cri, s'élève à trente-six pouces de haut et retombe d'aplomb sur les pieds du corrégidor, qui sont garnis de cors. Le corrégidor fait une grimace épouvantable et crie à son tour; Séraphine, qui voit aussi bien de son œil que Valentin de ses deux, crie aussi; enfin la vieille Inès crie, parce qu'elle entend crier tout le monde.

Valentin fait d'humbles excuses au corrégidor; il lui proteste qu'il ignorait qu'il fût derrière lui, et il avoue que dans les maladies graves il commence par un certain cri qui attire à lui son génie inspirateur. Il prouve qu'il en a un par l'exemple de Socrate et de César, qui avaient incontestablement le leur. Il prouve qu'il a été entendu, puisque la malade a été forcée de répondre; il prouve enfin que rien n'est plus dangereux que les cors au pieds quand ils sont irrités par un accident quelconque, et il presse fortement Sa Seigneurie d'aller y faire appliquer par Inès des compresses de son élixir, qui est souverain pour ces sortes de maux.

Le corrégidor suivit à la lettre le conseil de Valentin, à cela près cependant qu'il se fit panser dans la chambre de la malade, qui, disait-il, savait fort bien comment les pieds sont faits. Le cher oncle était jaloux de sa nièce. Il consentait qu'elle vît quelquefois les dames de la ville, mais il n'entendait pas qu'elle fréquentât les spectacles: voilà pourquoi elle aimait et Valentin avaient crié si tard.

Cependant Inès n'y voyait pas trop bien, même avec ses lunettes. Le corrégidor fut obligé de s'approcher d'une croisée; la chaise longue de la malade était à l'autre bout de la chambre, et on peut causer bas à certaine distance sans être entendu de gens qui n'ont plus le tympan très délicat. Valentin faisait semblant de jouer des doigts, et il disait à Estelle de très jolies choses; Estelle lui répondait d'une manière touchante, et des larmes s'échappaient de l'œil dont elle pouvait disposer: vous vous souvenez bien qu'elle pleurait toujours dans les grandes occasions. A

travers tous ces mots d'enchantement, d'ivresse, de bonheur, Valentin apprit que le corrégidor, fortement frappé des charmes d'Estelle, lui avait proposé d'être sa femme ou sa maîtresse. — Si je l'avais épousé, disait la petite, j'élevais entre nous une barrière insurmontable. Forcée d'opter, je me suis décidée pour le second parti. — C'est très honnête assurément. Mais comment ce vieux reître-là a-t-il pu t'annoncer ici trois mois d'avance? — Il a effectivement une nièce à Toulouse, qu'il avait mandée, et à qui il a enjoint de rester où elle est quand il m'a agrégée à sa famille. — Au premier jour, nous irons lui faire des compliments de son oncle. — Mais est-il vrai que ce vilain homme-là t'ait fait soldat? — Je l'ai été pendant un an et demi. — Quand il m'a appris la chose, j'ai voulu me poignarder; mais j'ai réfléchi que cela ne te donnerait pas ton congé. — Réflexion pleine de sens. Ah ça... mais comment ce secret n'a-t-il pas percé dans le public? — Il n'est connu que d'Inès et de l'alcade, que le corrégidor paie bien et qu'il tient dans la plus étroite dépendance. Je pouvais d'un mot le perdre dans l'opinion publique; mais il ne m'eût pas rendu la liberté, et d'ailleurs où aurais-je été, dénuée de toute ressource? — Taisons-nous: on remboîte les pieds crochus de ton oncle dans leurs étuis taillardés.

Si Sa Seigneurie eût été aussi fine que Bartholo, elle aurait pu concevoir des soupçons, car enfin on ne se dit pas tout cela sans que les figures parlent, sans que le geste ajoute à l'expression. Mais ce pauvre corrégidor était du nombre de ceux qui justifient les paroles du psalmiste: *Oculos habent et non videbunt.*

Valentin, ne pouvant plus s'adresser au cœur d'Estelle, commença à attaquer sérieusement la paralysie. Il invoqua l'Amour et Ambroise, et un doux sommeil s'empara bientôt de sa douce amie. A son réveil, il eut la satisfaction de la voir pleurer de ses deux yeux. Le côté droit de la tête avait recouvré la sensibilité et la vie; le pied avait fait un léger mouvement. Valentin annonçait, promettait une guérison entière et prochaine. Le corrégidor ne se lassait pas d'admirer et de s'écrier. Dans l'excès de sa joie, le fier magistrat embrassa tendrement celui qu'il appelait son sauveur, son ange tutélaire. Il n'était pas de sacrifices qu'il ne fût disposé à faire pour lui. Valentin ne désirait qu'une chose, c'était Estelle, et il comptait bien rentrer incessamment dans ses premiers droits.

A la séance du soir, il apprit que le corrégidor avait une maison de campagne à quelques lieues de la ville et dans une vallée assez isolée: il résolut de faire plus tard son profit de cette découverte.

Quand la bien aimée s'éveilla, elle retrouva l'usage de sa main droite, que son cher oncle baisa avec transport, pendant qu'elle donnait l'autre à son doux ami: rien n'instruit les femmes comme la contrainte. Le corrégidor, ivre de joie, courut toute la ville et racontait partout les prodiges dont il avait été témoin. Comme les imbéciles dénaturent tout, celui-ci ajoutait à ce qu'il avait vu des choses impossibles, et il disait gravement aux médecins: — Ne soyez point humiliés de ce que don Carlos en sait plus que vous. Il a un génie inspirateur qu'il appelle en poussant des cris de Merlusine. Tout le monde ouvrait de grands yeux et de plus grandes oreilles: il y en a de longues à Urgel. Mais tout le monde attendait, pour croire, que Séraphine pût reprendre à pied le cours de ses soirées.

Le lendemain, notre héroïne marcha avec quelques difficultés, mais elle put marcher; le surlendemain, il ne restait plus de traces de la paralysie. Toutes les dames accouraient

Il frappe à tour de bras sur les chefs tondus ou chevelus (p. 58).

pour constater un fait aussi extraordinaire.

Dans toutes les rues, sur toutes les places de la ville d'Urgel, on commentait la grande nouvelle à qui mieux mieux.

Chacun voulait être mieux renseigné que son voisin, tout le monde avait vu des cures plus merveilleuses les unes que les autres, les commentaires allaient leur train. Les femmes surtout se distinguaient par leur bavardage. Il paraît qu'à Urgel comme ailleurs, les femmes ont la langue un peu trop longue. Il est vrai que lorsqu'elles vous parlent d'amour pour la première fois, on trouve qu'elles ne parlent pas assez.

La terrasse décorée et l'humble toit retentissaient également de l'éloge de Valentin et de celui de son génie inspirateur. Valentin n'avait pas manqué de dire au cher oncle qu'il était indispensable que sa nièce allât immédiatement à la campagne et qu'elle y passât un mois. Il prescrivit un régime, et il protesta que, si on omettait la moindre chose, la paralysie se reproduirait avec plus de force qu'auparavant. Il avait déclaré que, n'ayant plus rien à ajouter à sa réputation, il allait s'éloigner d'Urgel, et il avait demandé le passe-port à l'aide

duquel il voulait opérer de nouveaux prodiges à Aix. Le corrégidor lui en aurait donné cent.

Il avait fait reconnaître par Michel la maison de campagne dont nous avons parlé; il en connaissait parfaitement la position, et, en reconnaissance de ce service, il avait passé Auda au camarade, qui avait donné Isaure à Lecourt, qui avait arrangé Aurora avec Dubreuil, et, de proche en proche, tout le monde était content, à l'exception de la dernière de ces dames, qui, ne trouvant plus de mari, se décida à épouser le public.

Tout le monde semblait donc satisfait, et notre héros pouvait se vanter d'avoir évité avec la plus grande habileté les dangers de tous genres qui l'avaient menacé.

Hélas, rien n'est plus trompeur que le calme qui précède certains orages; le ciel est pur, l'air est calme; seul là bas, à l'horizon, un petit point noir trouble la transparence de l'azur.

Tout à coup le vent mugit, l'ouragan se déchaîne, le tonnerre fait entendre son grondement terrible... la tempête a fait un enfer de ce ciel qui semblait un paradis.

CHAPITRE VIII

Les choses tournent au noir et l'Inquisition montre son nez — Le Révérend P. de Dominicains tire ses plans, et Valentin aussi. — Le Corrégidor est désagréablement dérangé d'une occupation fort à son goût. Les médecins ne croyaient pas à son existence, et ils ne concevaient pas comment Carlos avait mais la porte n'étant pas fermée, le petit neveu est forcément remis à plus tard et Estelle est conduite en lieu de sûreté. — Accusation générale de sorcellerie. — Tout le monde en prison; ils seront brûlés vifs.

L'esprit humain veut toujours avancer. Après qu'on eut parlé pendant quelques jours du génie inspirateur de Carlos, on se travailla la tête pour savoir dans quelle classe on le rangerait. Les jolies femmes en faisaient un ange, les moines un démon. Les médecins ne croyaient pas à son existence, et ils ne concevaient pas comment Carlos avait pu guérir en deux jours une paralysie constatée. Cependant on a toujours une opinion quand on est intéressé à se prononcer, et la Faculté feignit d'adopter celle des religieux de toutes les couleurs, dont la ville d'Urgel est peuplée.

Un violent orage se formait dans le silence; il grossissait à chaque instant, et notre héros, loyal et confiant, ne se doutait de rien. Tout le monde sait ou ne sait pas que, depuis 1481 jusqu'en 1808, l'inquisition espagnole a condamné 343,522 individus. C'est bien peu de chose, si on veut calculer que, d'une époque à l'autre, il s'est écoulé 327 ans; ce qui ne porte le nombre des hérétiques corrigés ou supprimés qu'à cent mille et quelques-uns par siècle. D'après cela, il n'est pas étonnant qu'on n'eût pas encore joui à Urgel du spectacle édifiant d'un *auto-da-fé*. Il s'était présenté telle circonstance où le bon peuple avait exprimé hautement ses regrets sur une privation aussi dure à supporter. Le révérend père supérieur des Dominicains de cette ville aimait tendrement son prochain, et il n'attendait qu'une occasion favorable pour le satisfaire. De quelle gloire il jouirait aux yeux du public s'il pouvait faire griller un sorcier!

Cependant il n'y avait pas de tribunal érigé à Urgel, et Sa Révérence n'osait s'arroger des pouvoirs qu'on ne lui avait pas dévolus. Mais les gens d'esprit ont tant de ressources! Le prieur assembla son chapitre. Il exposa son projet avec une telle clarté, il fit si bien sentir les avantages qu'un demi-cent de fagots procurerait à l'ordre, qu'on arrêta à l'unanimité qu'un frère lai serait député vers le supérieur des Dominicains de Madrid, lequel serait supplié d'obtenir du grand inquisiteur l'autorisation de faire et parfaire le procès à un homme qui faisait des miracles à Urgel par l'intervention du diable. On aurait pu dépêcher un courrier ordinaire; mais savait-on si, dans la famille de celui qu'on aurait choisi, quelqu'un n'aurait pas été guéri par Carlos, et si une sotte reconnaissance ne révélerait pas un secret qu'on avait tant d'intérêt à cacher?

On porta la défiance jusqu'à ne pas donner de dépêches au digne frère qu'on fit partir : il pouvait les perdre en route. On choisit celui qui était le moins ignorant, qui avait le plus d'amour pour saint Dominique, et on lui répéta trente-deux fois sa leçon.

Un frère lai qui aurait voyagé en poste aurait certainement donné des soupçons. On expédia celui-ci en costume apostolique, et, comme il y a loin d'Urgel à Madrid, on s'occupa des moyens de retenir Carlos jusqu'à ce qu'on pût *l'appréhender* au corps. Cela ne fut pas difficile.

Le révérend père supérieur, d'ordinaire assez désœuvré, observait tout ce qui se passait en ville. Il avait la louable habitude de s'immiscer dans les affaires des particuliers, afin de maintenir la paix dans les ménages. C'est à lui que le commandant de la place allait conter ses peccadilles; d'après tout cela, était-il possible que quelqu'un lui résistât?

Il avait remarqué que, parmi les malades qui se présentaient à Valentin, il traitait de préférence les femmes jeunes et jolies, et Sa Révérence avait remarqué aussi que dona Séraphine était charmante. Vingt fois il avait rencontré don Carlos marchant avec cet air satisfait que ne donnent ni l'argent ni la persuasion qu'on est utile à ses semblables. Le plan du respectable père fut bientôt arrêté.

Le corrégidor, quoique un peu libertin, était fort attaché à ses devoirs de piété : il y a des gens qui trouvent facilement le moyen d'allier les contraires. Il était dirigé par un dominicain qui l'alla voir tout exprès pour le féliciter sur la guérison de sa nièce. Pour mieux cacher ses projets, il porta au troisième ciel la science de don Carlos; mais il s'étendit sur le danger des rechutes et il le prouva, par vingt exemples, que des malades que les médecins croyaient guéris étaient allés six semaines après souhaiter le bonsoir à leurs ancêtres. Le corrégidor frémit. Mais plein de confiance dans notre docteur, il répondit que don Carlos était sûr de son fait, et que le lendemain sa nièce partirait pour la campagne. — Il faut que le docteur y aille avec elle. — Y pensez-vous, révérend. — Et nos usages, nos mœurs? — On peut tout concilier. Vous couperez une chambre par le milieu, avec une forte grille de fer, et le docteur ne verra Séraphine qu'à travers les barreaux.— Mais quand je remplirai mes fonctions magistrales; quand je réciterai mon rosaire! — N'êtes-vous pas sûr d'Inès et de votre vieux jardinier? — Je suis encore plus sûr de moi, et, je vous le répète, ma nièce est guérie, parfaitement guérie. — La preuve que vous pouvez compter sur Inès comme sur vous, c'est qu'elle n'a révélé votre secret qu'au père Chrysostôme. — Quel secret, mon révérend? que voulez-vous dire? — Nous avons nos raisons pour que vous fassiez ce que je vous demande. Si vous résistez plus longtemps, toute la ville saura demain que vous vous êtes saisi d'une fille bien née qui avait fait une étourderie; que, pour la conserver, vous avez forcé à s'enrôler un jeune homme avec qui elle voyageait; que vous l'avez fait passer pour votre nièce, que vous l'avez présentée en cette qualité dans les meilleures maisons. Vous serez perdu de réputation, obligé de vous défaire de votre charge, banni et vilipendé par les honnêtes gens dont vous vous êtes joué. Obéissez et prenez les précautions que je vous ai indiquées. Inès recevra l'ordre de vous servir fidèlement, et dans quinze jours vous serez le maître de faire tout ce que vous voudrez. En attendant, gardez le plus profond silence sur ce que je viens de vous dire : ma discrétion est à ce prix.

Le corrégidor, confus, humilié, à peu près rassuré sur les suites de sa complaisance, promit tout ce que le père voulut, et il se promit à lui-même d'ajouter grille sur grille, de faire condamner telle porte, murer telle croisée, et de rendre enfin Estelle inaccessible à toute autre chose qu'aux yeux. Il fit venir les ouvriers; il leur donna ses ordres et il voulut qu'ils fussent exécutés à l'instant. Il manda Valentin, et le pria, en enrageant, de rendre chaque jour une visite à sa nièce. Valentin fut enchanté de pouvoir connaître par lui-même la maison d'où il voulait tirer son amie. Il prétexta, pour la forme, l'occupation que lui donnaient les préparatifs de son départ et quelques malades qu'il achevait de guérir. Le corrégidor insista avec aussi peu de sincérité que Valentin venait de se défendre, et notre amoureux se rendit.

Les grilles de fer sont d'un débit sûr en Espagne. Aussi on en trouve de faites dans toutes les dimensions, et le lendemain la maison de campagne du corrégidor ressemblait à une forteresse. Il y conduisit Estelle et donna les ordres les plus précis sur le lieu où on recevrait Carlos, sur les précautions qu'on prendrait pour qu'il ne pût pénétrer dans l'intérieur de la maison. Qu'eût-il fait de plus s'il eût eu la moindre idée de l'intelligence qui régnait entre nos amants!

Toute femme est plus ou moins coquette, c'est une qualité ou un défaut dont l'âge ne corrige point. Valentin n'avait jamais eu la moindre prévenance pour Inès; elle ne pouvait le souffrir, et, malgré l'enthousiasme qu'il avait inspiré à son maître, elle ne cachait pas trop l'éloignement qu'elle avait pour lui. Le corrégidor avait d'abord exigé d'elle des marques de déférence envers son cher docteur. Mais, dans la circonstance actuelle, il s'efforça de nourrir et même d'augmenter l'animosité d'Inès. Il était assez borné pour ne pas sentir que, changer en vingt-quatre heures d'avis et de ton, ce n'était pas donner une haute idée de sa sincérité. Il ne savait pas davantage que tout être cherche à briser les liens de la contrainte et que tous les moyens lui paraissent bons pour en sortir. Inès ne réfléchit pas un moment sur la versatilité de son maître. Elle lui dit tout ce qu'elle pensait de Carlos, et il la jugea incorruptible; elle le répéta à Estelle, qui pleura selon sa coutume.

Le lendemain, Valentin se présente à la porte du château fort. Il est monté sur la plus belle de ses mules, et le jardinier vient lui tenir respectueusement l'étrier. Il le prie de le suivre, et Valentin s'étonne à chaque pas qu'il fait. A chaque pas, une lourde porte s'ouvre et se ferme sur lui; d'énormes verrous crient à ses oreilles; il arrive enfin à une chambre, où il est arrêté par deux grilles placées à un pied l'une de l'autre et dont les barreaux sont si serrés qu'il est impossible d'y passer la main. Le jardinier l'enferme là à double tour, à mesure que cet homme s'éloigne, Valentin l'entend ouvrir et fermer les portes par où il est arrivé. — Parbleu, s'écria-t-il, si Ménélas eût fait garder ainsi son Hélène, la guerre de Troie ne se serait pas faite, et j'en serais bien fâché: nous aurions perdu un poème épique, que je n'entends pas, mais qu'on dit être le plus beau des poèmes faits et à faire. En effet, Voltaire, dans sa Henriade, n'a pas avisé de faire parler des chevaux, de faire combattre tous les dieux, pour ou contre un mari imbécile et trompé; il n'a pas chanté la valeur d'un fanfaron, invulnérable par tout le corps, excepté au talon... Mais à propos de tout cela, je ne vois pas comment je tirerai Estelle d'ici... Bah! cela n'est pas difficile. Je viendrai là la nuit; je rosserai le jardinier, je lui prendrai les clefs; j'entrerai; j'enlèverai Inès avec ma maîtresse, et je laisserai la vieille sur le bord d'un fossé, quand je serai éloigné de quelques lieues de toute habitation. Allons, tire la joie!

Il n'avait pas remarqué deux gros chiens, qu'on lâchait dans l'enclos quand on n'attendait personne, et qui étaient de force à déchirer leur homme, comme lui une feuille de papier.

Inès et Estelle paraissent de l'autre côté des formidables grilles. Nos amants commencent par se parler des yeux. Ceux d'Estelle semblent se plaindre des barrières qu'on a élevées entre elle et son ami; ceux de Valentin cherchent à la rendre à l'espérance. Comme un médecin ne peut pas parler toujours des yeux, le docteur commença une dissertation scientifique, qu'il interrompait souvent pour dire en français à sa belle des choses très-tendres et très-positives et il voulait faire croire à son valet qu'il faisait des citations latines, selon l'usage pratiqué, de temps immémorial, par les médecins espagnols. Inès répondait que Séraphine n'entendait pas le latin; qu'ainsi, l'érudition du docteur était perdue, et que, s'il disait un mot qui ne fût pas castillan, elle en conclurait qu'il avait des desseins cachés, et qu'elle en avertirait le corrégidor.

Valentin sentit qu'il ne tirerait aucun parti de cette vieille entêtée. Il crut devoir faire cette première visite très-courte, et il se décida à attaquer directement le coup du vieux jaloux. Il remarqua qu'au moment où il voulut sortir, Inès tira le cordon d'une sonnette qui fit venir le jardinier; il faut tout remarquer quand on n'a pas encore de plan arrêté.

Il fut trouver le corrégidor. Il lui représenta qu'en envoyant Estelle à la campagne, il avait prétendu qu'elle respirât le grand air, et non qu'elle vécût derrière des grilles et sous des verrous. Il ajouta que tout médecin veut et doit toucher le pouls des individus qu'il visite et qu'il ne concevait pas qu'on le privât d'un avantage dont il avait constamment joui pendant qu'il traitait dona Séraphine à Urgel. Il jura enfin que le plus tendre des oncles s'exposait à perdre une nièce accomplie, s'il empêchait son médecin de communiquer librement avec elle. Le corrégidor répondit que sa nièce ne voyait de grilles que lorsque son médecin la visitait et qu'elle avait à sa disposition des appartements gais et un jardin immense, qui réunissait tout ce qu'il pouvait la flatter. Il convint que tout docteur a le droit de toucher le pouls de ses malades, mais il prétendit qu'il doit renoncer à cette prérogative, surtout à l'égard d'une jeune femme, lorsqu'elle n'a plus besoin des secours de la médecine. Il remarqua fort judicieusement que les visites que rendait Carlos à sa nièce étaient de pure précaution; et pour lui prouver combien il était convaincu de la guérison radicale de Séraphine, il offrit au médecin des honoraires proportionnés à l'importance de la cure. Valentin, très-mécontent des obstacles qui se multipliaient à chaque instant, reçut cependant un sac de deux mille pistoles, dont il alla grossir une cassette assez bien fournie. — On fait tout avec de l'argent, disait-il, et je suis bien bon de me casser la tête sur les moyens que j'emploierai: une occasion se présentera, je la saisirai, et nous verrons. Et puis, j'aime beaucoup Estelle; mais, si je ne peux définitivement la reprendre à son vilain corrégidor, ma foi, je la lui laisserai. Elle ne s'est pas poignardée quand il m'a fait soldat; me pendre ne serait pas le moyen de la ravoir.

Le lendemain, Estelle dit à Inès qu'elle ne se sentait pas bien. Valentin, dans ses prétendues citations latines, lui avait conseillé, en bon français, de jouer d'abord la petite santé, et d'arriver par degrés à une maladie simulée. La vieille, au lieu d'introduire le docteur dans l'intérieur de la forteresse, se hâta de faire avertir le corrégidor, et le corrégidor voulut absolument accompagner Valentin. Ainsi la petite ruse n'aboutit qu'à donner à nos amants deux témoins au lieu d'un. Sa Seigneurie déclara au docteur que, si l'indisposition de sa nièce faisait des progrès, il viendrait s'établir auprès d'elle, et laisserait à son alcade et à son greffier le soin de faire la police.

Cette redoutable menace rendit aussitôt la santé à Estelle. Mais il était tard, et le corrégidor déclara qu'il passerait la nuit à sa campagne pour avoir des nouvelles de sa nièce le lendemain de très-grand matin. Il congédia Valentin, qui, en retournant à Urgel, laissait aller sa mule la tête basse, et faisait d'assez tristes réflexions sur les lois terribles de l'inexorable fatalité. Il prévoyait bien que le corrégidor ne s'occuperait pas de son rosaire pendant toute la nuit... — Ma foi, s'écria-t-il brusquement, une fois de plus, une fois de moins... qu'importe ! Tâchons d'avoir notre tour, et laissons de côté ces petites délicatesses dont tant d'autres à ma place auraient fait la sottise de s'occuper sérieusement.

Le jour suivant, il retourna voir son amie, et, quoi que pût dire Inès, elle ne l'empêcha pas de faire encore quelques citations. Les incidents présumés de la nuit dernière se présentaient à son imagination, et un garçon sans souci s'affecte quelquefois quand il a devant lui la victime qu'il désire et qu'il croit sacrifiée. Estelle ne pouvait répondre à ses citations par d'autres : Inès n'aurait pas manqué de lui demander comment elle savait aujourd'hui le latin, dont hier elle n'entendait pas un mot. Elle chercha à le rassurer du geste et du regard : il est des circonstances où la femme la plus aimante et la plus vraie ment nécessairement, et je douterais fort de la véracité d'Estelle, si le corrégidor n'avait eu que trente ans ; mais il en avait soixante, et cet âge-là est ordinairement celui du repos... Cependant il est certains jours...

— Bah ! disait Valentin en retournant à la ville, ne pensons plus à tout cela. Nos dames mariées ne sont-elles pas obligées d'épouser leurs maris, et l'amant ne se résigne-t-il pas ? Pourquoi aurais-je moins de caractère qu'eux ? Allons, allons, Estelle est madame la corrégidor ; elle et moi voulons tromper son mari, et, parbleu, nous en viendrons à bout. Demain je fais mes dispositions, et la nuit suivante j'enlève ma maîtresse, d'après le plan que j'ai conçu il y a quatre jours.

Quel malheur s'il eût tenté de l'exécuter ! Semblable à la mère d'Athalie, il eût été dévoré par les chiens, et le lecteur serait privé de la suite de cette intéressante histoire.

Il eût continué de laisser errer son imagination, si, à la moitié du chemin, il n'eût rencontré un bon Dominicain qui le salua le premier avec une effusion de cœur qui étonna Valentin, parce qu'il n'avait pas l'honneur de connaître Sa Révérence. Chacun tira de son côté, et notre héros entra en ville en faisant des réflexions très-sensées sur les vertus claustrales et sur la manie qu'on avait alors en France d'attaquer sans cesse les établissements religieux. De temps en temps il avait tourné la tête pour admirer la marche noble et tranquille du bon père ; il l'avait vu se diriger vers la maison de campagne du corrégidor, et il n'en avait pas conçu le moindre ombrage : celui qui l'avait abordé avec des paroles de paix devait nécessairement le porter partout avec lui. Les gens sans souci sont ordinairement heureux ; mais ils ne s'arrêtent jamais à aucune idée, et ils sont faciles à tromper.

Valentin jouait ce soir-là les plus brillants de ses rôles. Il annonça, pour le lendemain, la clôture à son auditoire, consterné de cette nouvelle. Il se proposait de demander au commandant l'ouverture des portes de la ville après la descente du rideau, et il invita ses camarades à être prêts à le seconder dans un coup de main de la plus haute importance.

Le père supérieur des Dominicains n'était pas un garçon sans souci ; aussi avait-il l'art de prévoir tout, jusque dans les moindres détails. Il n'avait pas d'idée de l'intelligence qui régnait entre Estelle et Valentin, mais il savait que deux jeunes gens ne se voyant pas tous les jours sans s'aimer bientôt ; il savait encore qu'un homme de vingt-deux ans ne s'amuse pas longtemps à faire l'amour en perspective ; il sentait qu'il fallait retenir celui-ci à Urgel par quelque chose de plus réel que des espérances, et il était plus que jamais tourmenté du désir de faire rôtir un sorcier. Ce spectacle devait être d'autant plus beau, que le nécromancien était un inconnu qui n'inspirerait de regrets à personne. Je tiens ces détails de l'arrière-petite-fille d'une jolie dévote d'Urgel, que j'ai eu occasion de voir dans mes voyages.

Je ne sais où Sa Révérence en avait tant appris. Peut-être n'avait-il que de la théorie dans le genre grivois ; peut-être aussi avait-il pratiqué autrefois ce qu'il sentait si bien alors. Quoi qu'il en soit, Valentin, en rentrant à son auberge, trouva le billet dont la teneur suit :

« On vous aime, on vous plaint et on a pourvu à tout. Retournez à la campagne du corrégidor. Inès disparaîtra après vous avoir présenté Estelle. Les deux grilles sont soutenues par des charpentes ; au milieu de chacune est un bouton de fer, qui ressemble assez à une tête de clou. Appuyez-y le pouce : l'amour fera le reste. »

— Qui donc, pensait Valentin, s'est occupé de moi, au point de me ménager une entrée par-dessous les grilles, et de gagner la vieille, que je croyais incorruptible ? Ma foi, je jouirai du bienfait sans chercher le bienfaiteur. S'il se nomme, je le remercierai, et, en attendant... vive la joie !

Il ne dormit pas de tout la nuit. Dort-on quand on touche au moment de s'unir à ce qu'on aime ? Et quelle douce insomnie que celle que donne l'amour, paré du prestige de l'espérance ! Notre héros se leva avant le jour ; il faisait, deux heures d'avance, ce qu'il avait l'habitude de faire deux heures plus tard : il fallut avancer le temps. Fatigué enfin de la lenteur avec laquelle marchaient les aiguilles de sa montre, il pensa qu'il était indifférent qu'il partît aussitôt, puisque Inès lui était dévouée. Il monta sur sa mule et la mit au galop. A une demi-lieue d'Urgel, il s'arrêta tout court. — Je ne connais pas l'auteur du billet, se dit-il. S'il me tendait un piège !... Vous êtes étonné que cette réflexion ait passé sur la tête d'un homme qui n'en faisait jamais, ou du moins très-rarement. Je le suis autant que vous. Il retourne à la ville ; il prend ses pistolets, il se met en route et il arrive encore au château fort avant qu'Estelle soit levée.

Il sonne à la porte avec la force et la confiance d'un homme qui est sûr d'être bien reçu. Le jardinier accourt, et marque de l'étonnement en voyant le docteur si matin. Cependant il l'introduit au parloir, et lui conseille d'attendre avec patience le moment du lever. Valentin, enfermé, selon l'usage établi dans la maison, sentit qu'il ne pouvait compter sur le jardinier ; mais cet homme ne faisait aucun service intérieur ; il devait être retourné à son travail, et, s'il ne lui donnait aucune facilité, du moins il ne pourrait pas nuire.

Valentin cherche les boutons de fer dont parle le billet : tout autre en eût fait autant à sa place. Il fallait être instrait pour les trouver, tant ils différaient peu des clous qui tenaient l'ensemble de l'ouvrage. Après quelques recherches, Valentin croit voir l'intéressant bouton; il met le pouce dessus, il presse et une petite porte, retenue par un ressort, s'ouvre aussitôt, la seconde cède de même et l'imagination va toujours en avant. Notre docteur, qui, cinq minutes plus tôt, eût donné tout ce qu'il possédait, et même tout ce qu'il pouvait espérer au monde, pour effleurer les lèvres rosées d'Estelle, conçut et exécuta aussitôt le projet d'aller la surprendre dans sa chambre. Il va, il vient, il tourne, il ouvre une porte, il en ouvre deux; il entre enfin dans l'asile qu'il croyait pouvoir consacrer à l'amour. O surprise! ô stupéfaction! j'allais dire, ô rage! ô fureur! si je ne m'étais souvenu que Valentin ne s'affecte jamais fortement.

Depuis que le corrégidor avait une nièce, ses audiences étaient remises à midi, et il allait, clandestinement, faire l'oncle avec elle, soit à la ville, soit à la campagne. Il fut pétrifié en voyant Valentin, et Valentin recula jusqu'à la porte de la chambre. Semblables à deux basilics, ils se menaçaient des yeux; c'était à qui tuerait l'autre... de ses regards seulement. Il paraît qu'il y avait des boutons partout dans cette maison-là, et le combat d'observation que se livraient les deux rivaux ne pouvait durer toujours. Le corrégidor pousse un bouton, et Valentin se met à rire de tout son cœur, non de ce qu'il voyait, mais de ce qu'il allait faire. — Il est donc d'usage à Urgel, monsieur le corrégidor, que les oncles épousent les nièces sans dispenses: c'est de quoi je m'informerai ce soir en racontant partout ce que j'ai vu. En attendant, comme je ne suis ni parent ni allié, je n'ai pas la moindre formalité à remplir, et je vous prie de vous lever, et de me céder une place que j'occuperai mieux que vous. J'ai été, à peu de chose près, spectateur; vous voudrez bien l'être tout à fait à votre tour.

Le corrégidor trouve la proposition impertinente, offensante, outrageante, et Valentin lui coupe la parole en lui présentant le bout d'un pistolet. Le vieil amateur se rend à cet argument irrésistible, et dans un clin d'œil Valentin se trouve dans l'état où s'était mis l'Amour quand il épousa Psyché pour la première fois. Trop pressé d'être heureux pour penser à tout, il avait oublié de fermer la porte et d'en mettre la clef sous son traversin. A peine était-il dans des toiles de frises et respirait-il l'haleine de la beauté, très-confuse du rôle qu'on lui faisait jouer, qu'Inès paraît, armée d'un goupillon; elle est suivie du jardinier et de deux garçons qui portent, en avant, fourches, faux et croissants; la sonnette d'alarme répond au bouton que le corrégidor a pressé, et a mis tout le monde sur pied.

— Par sainte Thérèse, murmura Inès, le révérend ne m'a pas dit que le docteur dût venir jusqu'ici. — Seigneur, que faut-il faire de cet insolent? criaient le jardinier et ses garçons. — Attendez, attendez, mes enfants, que je réfléchisse, et pendant que je réfléchirai, empêchez-le de sortir d'où il est. — Monsieur le corrégidor, criait Valentin, souvenez-vous que le roi David eut une faiblesse qui donna ce jour au grand Salomon, et ne m'empêchez pas de vous procréer un petit neveu, qui sera peut-être le flambeau de la Catalogne. — M'y voilà, mes amis, m'y voilà. — Vous allez dire d'aussi belles choses que vous en faites. — S'il dit encore un mot, qu'on lui mette... vous savez bien... — Monseigneur, nous ne savons pas. — Mettez-lui dans la bouche quelque chose qui l'empêche de parler. — Ah! une poignée de chanvre... — Le manche de ma faux... — La pointe de ma fourche... — Eh! non, non... Ma foi, mettez-

lui ce que vous voudrez.

Pendant ce colloque, Valentin a cherché ses pistolets, qu'il n'a pas oublié de mettre sous le chevet. Il les arme entre les draps. Estelle s'est aperçue : mouvement; elle veut arrêter son ami; elle lui prend les deux mains, et fait partir les deux détentes. Les balles traversent la couverture, l'une va briser une glace, l'autre met le feu à la perruque du corrégidor, qui est accrochée à un clou; la troisième enlève le bout du nez d'Inès, qui déjà était camardé; la quatrième ne casse qu'un carreau de vitre. Une fumée épouvantable emplit la chambre; les draps sont enflammés, Estelle, malgré sa modestie, est obligée de sauter sur le parquet; le corrégidor se hâte de la couvrir de son manteau; Valentin saute après Estelle, et le jardinier et ses garçons sautent sur lui.

— Jetez, jetez tout par la fenêtre, criait le corrégidor, draps, couverture et matelas. — Faut-il jeter ce jeune homme aussi? — Oui... non... attendez un peu.... oui... oui... non, décidément non. Il aimerait mieux se sauver en chemise que ne pas se sauver du tout; il sauterait par-dessus les murs du jardin, et je ne veux pas qu'il m'échappe. Liez-lui bras et jambes avec vos ceintures.

Un grand homme est quelquefois obligé de céder au nombre, et Valentin, frémissant de rage, se vit en un instant arrangé comme une momie. Étendu sur le plancher, et n'inspirant plus de crainte à personne, il regardait tendrement Estelle. — Si du moins, disait-il, j'avais eu le temps de faire le petit neveu! Ce sera pour une autre fois. Le jardinier et ses garçons veillaient sur lui, posés en suisses de paroisse. Ils avaient fait des hallebardes de leurs instruments aratoires, et ils avaient l'air tout à fait imposant. Inès pansait son nez, et le corrégidor, rhabillé et sa perruque près, s'était assis dans un grand fauteuil. La tête sur ses deux mains et ses deux coudes sur ses genoux, il méditait profondément sur ce qu'il fallait faire dans une occasion de cette importance.

Après un quart d'heure de réflexions, après avoir adopté et rejeté les idées contradictoires, avoir ébauché des phrases, qu'il ne pouvait conduire jusqu'au point, le corrégidor essaya de se faire comprendre tout à fait. — Mes amis, cet homme est venu... je ne sais par où... mais il venu; oui, il est venu, puisque le voilà. Il est venu dans le dessein d'outrager ma nièce, vous pouvez en jurer, puisque vous l'avez trouvé dans une position qui n'avait rien... qui n'avait rien... d'équivoque. Pour m'empêcher d'aller chercher du secours, il m'a forcé, le pistolet au poing, de me mettre tout nu, et cela est tellement, tellement... incontestable, que j'étais en chemise quand vous êtes entrés... Attendez un moment... que je me rappelle la suite... Ah! quand il s'est vu surpris par vous, il a fait feu de toute... de toute... son artillerie, et il a brisé ma plus belle glace, il a brûlé ma perruque, et coupé le bout du nez d'Inès, qui n'en avait pas trop. Il a incendié un lit que je ne... que je ne remplacerai pas facilement... enfin... enfin il a tourné l'Écriture en dérision en me parlant du roi David... du roi Salomon et d'un petit neveu qu'il voulait me faire, ce qui... ce qui me... me persuada qu'il peut fort bien être sorcier, comme plusieurs personnes respectables me l'ont déjà dit à l'oreille. Il y a là de quoi instruire cinq ou six procès criminels. Vous avez été témoins des faits, et vous déposerez de la vérité de ce que j'avance; n'est-il pas vrai, mes amis, vous déposerez? — Certainement, seigneur, nous déposerons, et ce qui reste de votre perruque et du nez de la dame Inès ne déposera-t-il aussi? — On déposera l'un et l'autre au greffe. — Déposer mon nes au greffe ! Mais pensez donc, seigneur corrégidor, qu'il faudra que j'y reste avec lui. — Je n'avais pas fait cette réflexion-là, Dame, on ne saurait penser à tout. Allons, allons, on ne déposera que la moitié de ma perruque.

Après avoir dit beaucoup de choses inutiles, que par conséquent je ne dois pas écrire, le corrégidor fit envelopper Valentin dans un grand manteau, que de fortes courroies de cuir arrêtent autour de lui ; on le coucha dans une vieille litière, et on partit pour l'installer dans les prisons d'Urgel.

— Ma foi, pensait-il en marchant, ma destinée n'a rien de très-désagréable, Charles XII a été heureux pendant neuf ans, et jusqu'ici j'ai réussi dans toutes mes entreprises. Charles XII a été prisonnier à Bender, et je vais l'être à Urgel : il est bien flatteur pour moi d'avoir des rapports aussi frappants avec une tête couronnée.

Mais Charles XII n'avait pas de maitresse : que va devenir la mienne ? Parbleu, ce prince ne s'inquiétait pas, en Turquie, de ce que faisait sa sœur à Stockholm ; pourquoi aurais-je moins de caractère que lui ! Ah çà, que peut-on me faire pour avoir couché avec la nièce d'un corrégidor et lui avoir brûlé sa perruque ?... Ah ! quelques jours de prison arrangeront cette affaire-là, et on vit en prison comme ailleurs.

On le descendit à la porte de la triste maison ; on le mit en cachot, et comme on avait persuadé au corrégidor que le diable avait fait des portes sous les grilles de son parloir pour ouvrir un passage au maraudeur, Sa Seigneurie avait expressément recommandé qu'on chargeât le coupable de fers, afin qu'il ne pût faire un pas si son démon familier lui ouvrait la porte du cachot.

N'est-ce pas ici le moment de dire comment existaient ces portes fatales par lesquelles Valentin avait marché d'infortune en infortune ? Je ne vois qu'une difficulté pour satisfaire la curiosité du lecteur, c'est que je n'en sais rien. Mais, semblable aux faiseurs de systèmes, je vais donner mes conjectures pour des réalités, et je tâcherai de les rendre vraisemblables.

Rappelons-nous l'exclamation d'Inès : *Le révérend ne m'a pas dit que le docteur dût venir jusqu'ici.* Ce révérend est sans doute le père Chrysostome que, la veille de sa désaventure, Valentin avait rencontré sur le chemin qui conduisait au château du corrégidor. Le cher père avait usé de l'influence que lui donnait son ministère pour faire croire à Inès tout ce qu'il avait voulu, et, d'après le billet que j'ai transcrit, il est constant que Sa Révérence connaissait les portes dont nous cherchons l'origine, puisque sa démarche n'avait pour objet que d'en faciliter l'ouverture.

On doit conclure de ces premières preuves que le billet insidieux adressé à notre héros partait du chapitre des Dominicains, et que... — Mais les portes, monsieur l'auteur, les portes ! Comment étaient-elles là ? — Par un hasard singulier, le serrurier du corrégidor était aussi celui des révérends pères. Je vous ai dit que le supérieur qui n'était pas un garçon sans souci, prévoyait jusqu'aux moindres détails... — Ah ! j'entends, j'entends. Tenez-vous donc cette particularité de l'arrière-petite-fille de votre jolie dévote ? — Si je vous dis oui, me croirez-vous ? — Ma foi, non. — C'est pourtant ce que vous avez de mieux à faire. Permettez-moi de reprendre la suite de mon histoire.

On ne parlait plus à Urgel que des portes qui s'étaient ouvertes où il n'y en avait pas. Les têtes les plus graves s'exerçaient à expliquer le fait, et, comme on ne trouvait pas d'explication vraisemblable, il fallut se ranger à l'opinion du petit peuple, qui aimait encore un peu Valentin, mais qui cependant attribuait tout au diable. Le père supérieur attendait son frère lui sous peu de jours ; il avait grand soin d'échauffer tous les esprits, et il entravait lui-même la marche de la justice, qui est assez expéditive dans ce pays-là, et qui aurait très-bien pu faire pendre son sorcier.

On instruisait le procès de Valentin, mais on opérait avec lenteur, et parce que le père supérieur pressait sans cesse les juges de ne rien hâter et d'accumuler les preuves, et parce que le corrégidor commençait à se repentir de sa précipitation. Il ne conservait plus le moindre attachement pour Valentin, qui l'avait cruellement offensé dans ce qu'il avait de plus cher; mais il sentait bien, quoiqu'il fût très-bête, qu'il ne pouvait interroger, condamner et faire étrangler Valentin dans son cachot. Valentin, de son côté, se proposait bien de démasquer son trop heureux rival la première fois qu'on le ferait paraitre en public, et même de se faire connaitre lui-même pour prouver la vérité de ce qu'il avancerait. Les suites de cet aveu ne l'inquiétaient pas; il était tout entier à la vengeance.

D'après ce que je viens d'avoir l'honneur de vous exposer, vous avez lieu de croire que la mesure de l'infortune est au comble, et que notre pauvre jeune homme n'a plus d'affaire incidente à redouter. Eh bien, vous vous trompez.

Vous connaissez la fable du *geai* qui se pare des plumes du paon, et vous n'avez pas oublié un certain Carlos, dont Valentin a trouvé l'équipage dans les montagnes de Medina-Celi. Après s'être dérobé aux bons voleurs du frère Ambroise et avoir rejoint ses gens, Carlos avait fait des pilules et de l'élixir à la première bourgade où il s'était arrêté; il allait vendant ses denrées, et la vente était faible, parce qu'il voyageait à pied et qu'il n'avait plus ni habits brodés ni cordons : je crois vous l'avoir déjà dit, c'est d'abord par les yeux que les hommes se laissent prendre.

Carlos, obligé de se défaire successivement de ceux qui avaient si heureusement contribué à sa gloire et à son profit, vivait pauvrement, humblement, en se trainant de ville en ville. Il portait sous son bras une petite cassette, qui renfermait sa fortune et ses espérances. Il s'informait soigneusement partout si on n'avait pas vu quelque chose de ses dépouilles.

Le hasard ou son heureuse étoile le conduisit à Daroca. Rappelez-vous que Valentin, après avoir voyagé de jour, afin qu'on ne pût le suivre à la trace, était tombé dans cette ville sans que personne pût dire d'où il venait. C'est là que Carlos obtint les premiers renseignements sur ses mules, sa livrée et ses habits chamarrés d'or et d'argent. Il suivit à la piste les usurpateurs de son nom, de sa fortune et de sa renommée, et il les aurait atteints bien plus tôt s'il n'eût été forcé de s'arrêter un grand mois dans l'hôpital de Solsona. Un médecin à l'hôpital ! Eh ! pourquoi pas ! Quand il est dépouillé de l'auréole dont le préjugé et la vogue avaient ceint son front, ce n'est plus qu'un homme comme un autre.

Les camarades de Valentin déploraient son triste sort. Ils n'avaient pu se décider à s'éloigner d'Urgel, quoique leur présence ne lui fût pas d'une grande utilité. Pour ne pas manger les fonds de la caisse, ils avaient continué à jouer la comédie; mais que pouvaient-ils faire, privés de leur appui ! Il fallut redescendre à la parade et aux pilules, Michel avait succédé à Valentin; mais quelques efforts qu'il fit, il ne le remplaçait pas. Il était sur ses tréteaux avec

Auda, qui soutenait partout sa réputation, lorsque Carlos entra dans Urgel.

Le pauvre diable est frappé d'abord de l'aspect de son tableau et de ses habits. En homme prudent, il ne dit rien; il entre dans l'écurie de l'auberge, et il reconnaît ses trois mules. Il court chez le corrégidor; il prouve, par son acte de naissance, qu'il est le vrai Carlos; il prouve, par ses lettres de licence, qu'il est le docteur de l'université de Salamanque; il prouve, par sa sotte et plate figure, qu'il n'a pu inspirer de confiance à des malades riches, et que n'ayant pas exercé la médecine dans des chambres dorées, il lui a fallu la pratiquer en plein vent. Il défiera, dit-il, ceux qui lui ont pris ses mules et ses habits de dire où ils les ont achetés, et il conclut à ce que le seigneur corrégidor le rétablisse dans ses propriétés, sauf à lui à faire de ceux qui l'en ont dépouillé tout ce que bon lui semblera.

Sa Seigneurie, charmée de trouver une charge de plus contre Valentin, fit aussitôt arrêter et traduire devant lui la troupe comique. Il pensait que chacun de ses membres chargerait leur directeur pour se tirer d'embarras. Pour la première fois il devina quelque chose du cœur humain. Mais, comme Michel et ses camarades sentaient bien qu'on ne pouvait leur infliger de peine bien grave pour s'être servis de ce qu'ils avaient réellement trouvé, le *primo mihi* fut sans force. Ils déclarèrent les faits tels qu'ils s'étaient passés, et Carlos fut obligé de convenir qu'il ne reconnaissait à aucun de ceux qui l'avaient attaqué la nuit dans les montagnes. Le corrégidor répliqua que la nuit il ne fait pas clair. L'alcade, qui n'était pas si borné que son chef, demanda à ces dames et à ces messieurs ce qu'ils faisaient avant que le hasard les eût faits comédiens et médecins. Les actrices, qui n'avaient ni parents à craindre ni préjugés à ménager, racontèrent ingénument l'histoire de toute leur vie. Il en résulta qu'elles s'étaient successivement agrégées à une troupe toute formée, sur l'origine de laquelle elles ne savaient rien. Le greffier écrivait leurs déclarations pour qu'on pût vérifier les faits, et on les fit passer sous bonne garde, dans la chambre voisine.

Les hommes, pressés de s'expliquer à leur tour, se trouvèrent diablement embarrassés. Michel aurait bien répondu qu'ils étaient ermites avant que d'être comédiens; mais il prévoyait que l'alcade allait répliquer par : Et que faisiez-vous avant que d'être ermites ? Il resta muet et ses camarades imitèrent son silence. Les uns et les autres pensaient que la présence d'esprit de Valentin pouvait seule les tirer de ce mauvais pas, et ils refusèrent constamment de répondre, afin qu'il pût parler comme il le jugerait à propos. Tout ce que leur arracha l'alcade, et ce qu'ils répétèrent à satiété, c'est qu'ils s'en rapportaient à ce que dirait leur directeur.

L'alcade savait son métier. Il pensa très judicieusement que des accusés qui s'obstinent à se taire n'ont rien de bon à dire. Il pressa le corrégidor d'envoyer la troupe en prison, de faire saisir ses papiers et ses effets, de mettre le tout au greffe, et vous connaissez le proverbe de Beaumarchais : Ce qui est bon à prendre est bon à garder.

— Parbleu, dit Valentin à ses camarades, je suis ravi de vous voir. Je n'aime pas à chanter seul, et nous nous amuserons ensemble. Il réfléchit un moment, quand Michel lui eut raconté ce qui venait de se passer. — Eh bien, dit-il, savez-vous ce que je conclus de tout cela ? Que nous serons obligés de nous déclarer déserteurs, et que notre destinée est d'être pendus. Je n'ai pas d'argent; ils m'ont apporté tout au ici. En avez-vous, vous autres ? — Eh ! sans doute. — Faisons donc bonne chère jusqu'au dernier moment.

Allons, Domingo, l'olla podrida et le meilleur vin de la ville. Domingo était un honnête guichetier, qui venait d'entrer l'épaule chargée de vieille ferraille.

L'alcade avait réfléchi que, si réellement Valentin était sorcier, il délivrerait ses camarades; s'il ne l'était pas, ses camarades lui ôteraient ses fers, et il ne jugeait pas à propos de donner à six hommes la facilité de s'insurger. Le moyen le plus sûr de prévenir les événements était de les loger séparément; mais la prison d'Urgel n'est pas grande comme une citadelle, et il fallait y réserver de la place pour les seigneurs hâtés de la garnison et pour les honnêtes gens que la Sainte-Hermandad pourrait amener. Pour obvier à tout, le geôlier avait reçu l'ordre de *ferrer* les acteurs aussi solidement que M. leur directeur. — J'aim cela, dit Valentin; au moins il n'y a pas de distinction.

Le corrégidor, l'alcade et le greffier étaient descendus deux fois au cachot, et avaient interrogé la troupe comique, dont les membres leur avaient ri au nez et n'avaient pas voulu répondre. L'alcade avait conclu de cette opiniâtreté qu'ils attendaient un interrogatoire public pour perdre le corrégidor de réputation, et il tira un grand parti de cette idée première. Il conseilla à son chef de faire disparaître Séraphine, et de la mettre ainsi dans l'impossibilité de confirmer ce que dirait le faux Carlos. Il voyait dans cette mesure un moyen d'aggraver l'affaire du docteur, qu'on accuserait de rapt d'abord, et ensuite de calomnie.

Cela devait faire une masse de délits, tels que tous les diables réunis ne pourraient le tirer de là, fût-il sorcier comme tous les sorciers du douzième siècle ensemble.

Le corrégidor sentait toute la valeur de semblables conseils, mais il lui répugnait de confier sa nièce à des mains étrangères, et surtout de s'en séparer.

— Bah ! bah ! lui dit l'alcade, à votre âge, l'amour est dans la tête, il ne descend pas plus bas, et les personnes qui nous servent bien ne nous sont pas étrangères. J'ai à Aranza une sœur, dont je suis sûr comme de moi. Elle vit très retirée, avec deux filles, qui ont à présent quarante ans, et qui, de leur vie, n'ont pensé à la bagatelle. Séraphine aura là trois duègnes au lieu d'une, et, si elle veut faire la méchante, elle trouvera que mes nièces ont le poignet vigoureux. Cette nuit j'irai la prendre, sur un ordre signé de vous. Avant le jour nous arriverons chez ma sœur; on l'habillera en petite bourgeoise; on ne lui laissera pas un sou, et si elle forme le projet d'évasion, ce qui est très possible, elle sera retenue par la crainte de mourir de faim ou de gagner ses dépens, comme elle l'a fait chez vous; ce qui n'est pas agréable à toutes les femmes, surtout quand elles peuvent espérer mieux que cela.

Le corrégidor se laissa persuader; mais il prononça, sans balbutier et d'un ton très ferme, que Séraphine serait rappelée aussitôt que les circonstances le permettraient.

Le projet de l'alcade fut exécuté dans tous ses points. On m'a même assuré qu'il avait été au-delà des propositions arrêtées; qu'il avait eu de violentes tentations pendant le tête-à-tête de quatre heures de nuit; qu'Estelle, qui avait acquis de l'expérience, s'en était aperçue, et qu'elle avait dit au seigneur alcade qu'elle se servirait aussi bien de ses ongles que lui de son écritoire. Pouvait-elle être infidèle, pour la seconde fois, au moment où elle venait de retrouver son amant, qu'elle désirait, qu'elle appelait, et qui peut-être volait sur ses pas pour l'arracher à ses ravisseurs? Ah! si elle eût connu sa triste position, elle se fût écriée comme lui : — Si du moins on nous eût donné le temps de procréer le petit neveu!

Le corrégidor, rassuré sur les suites d'une audience publique, qu'il avait évitée jusqu'alors, fit enfin comparaître les coupables devant tous les habitants rassemblés. Le greffier fit la lecture des pièces à la charge des accusés, et Valentin fut interpellé de répondre, puisque les autres s'obstinaient à se taire. — Je serai moins long, dit-il, que M. le greffier, qui vient de nous débiter une série de balivernes, et, contre l'usage adopté par MM. les avocats, je commence par le fait. Je suis Français, et fils d'un conseiller au parlement de Rennes. Je m'appelle Valentin de Merville. J'ai vu à Paris M. Duplant, président au premier de tous les parlements, à l'exception pourtant de celui d'Angleterre. M. Duplant a une jolie fille, et j'en suis devenu amoureux, c'est la règle. Mademoiselle Estelle m'a aimé, et cela ne vous étonnera point si vous voulez me regarder avec quelque attention. On m'avait donné la tonsure, et on voulait en faire une religieuse, ce qui ne nous arrangeait pas du tout. En conséquence, nous avons pris le parti de voyager ensemble, ce qui est fort agréable sans doute. Nous sommes arrivés à Urgel, et mademoiselle Estelle a singulièrement plu à M. le corrégidor, qui a jugé à propos de la confisquer à son profit et de la faire ensuite passer pour sa nièce. Or, comme j'étais un témoin incommode, on m'a persuadé, à grands coups de bâton, que mes services seraient fort agréables à Sa Majesté catholique, et Sa Majesté ayant déclaré, dans je ne sais quelle ordonnance, que les engagements doivent être entièrement libres, je proteste contre le mien, et je demande qu'il soit déclaré nul. Je proteste encore contre la violence que ce vieux laid-là a fait éprouver à mademoiselle Estelle, et je conclus à ce qu'elle me soit rendue, afin que je puisse la rendre à son père, ce qui, sans doute, sera très louable.

Je déclare que, si on rejette mes conclusions, le parlement de Paris, à qui j'ai fait parvenir un mémoire, décrétera M. le corrégidor de prise de corps, et que le décret sera exécuté s'il s'avise de mettre le pied sur le territoire français. J'ai dit. — Alcade, dit tout bas le corrégidor, croyez-vous que le parlement de Paris puisse me décréter de prise de corps? — Eh non! seigneur, eh non! Mais je vois, par ce que vient de dire ce drôle-là, que c'est lui qui m'a si bien rossé, et je vous engage à le pousser vivement. Allons, répétez votre leçon, comme je vous l'ai apprise, et prenez garde de vous tromper.

— Il est douloureux pour moi, messieurs, d'avoir à me justifier d'une calomnie infâme... Quoi! dona Séraphine ne serait pas ma nièce! Et... et... — Le témoignage d'un inconnu... — Le témoignage d'un inconnu l'emporterait sur celui d'un homme... d'un homme..... Soufflez-moi donc. — Dont vous connaissez la continence et l'intégrité. — Dont vous connaissez l'incontinence et... et... Je suis un peu distrait; le seigneur alcade vous dira le reste. Le corrégidor répète assez exactement ces dernières paroles et l'alcade continue.

— Si dona Séraphine était ici, elle démentirait l'horrible calomnie qu'on veut faire peser sur un homme respectable. Mais celui qui l'a guérie par enchantement, qui, par enchantement, a fait ouvrir des portes où il n'y en avait pas, qui, à la faveur de sa puissance diabolique, a commis les attentats affreux dont vous venez d'entendre la lecture, cet homme a fait enlever la vertueuse demoiselle par son démon familier, et l'a fait transporter je ne sais où. Ainsi, le seigneur corrégidor joint aux regrets, au ressentiment profond que lui causent les outrages qu'a soufferts cette jeune dame, le chagrin amer de perdre une nièce dont vous connaissez tous, messieurs, la beauté, l'esprit et les talents.

Cet homme ose accuser M. le corrégidor de l'avoir fait enrôler de force; mais est-il digne de quelque croyance celui qui n'a pas craint de dépouiller un honnête charlatan, de prendre son nom et de parcourir l'Espagne, en marchant de crime en crime, ce qui n'est pas prouvé encore, mais ce que le temps découvrira!

— Un moment! s'écria Valentin. Je prends acte de ce que vient de dire l'interprète du corrégidor. Ni mes camarades, ni moi ne sommes soldats, et nous devons jouir des droits de citoyens, dont on veut nous dépouiller par une insidieuse procédure. Je demande qu'on nous réintègre dans notre prison et qu'on vérifie les faits que j'ai avancés dans mon court plaidoyer. Pendant l'information, mon Estelle se retrouvera, car il n'y a de diables que dans le cerveau de ces imbéciles magistrats. Elle dira, elle publiera que mes droits sont irréfragables, puisqu'elle s'est librement donnée à moi; que le corrégidor m'en a bassement dépouillé, et que vouloir y rentrer, ainsi que je l'ai fait, n'est pas un attentat, comme prétend vous le persuader ce nigaud.

— Nigaud! imbécile! balbutiait le corrégidor, écumant de colère. — Il manque de respect à la justice, reprend aussitôt l'alcade, tremblant que son chef ne dise quelque balourdise, et cela seul mérite une punition exemplaire. Cependant il faut simplifier l'affaire et la dégager des incidents étrangers au fond. En conséquence, M. le corrégidor ordonne... — Oui, j'ordonne... Quoi? — Que les effets appartenant au véritable Carlos lui seront à l'instant rendus, ainsi que l'argent gagné ou volé en son nom. — A la bonne heure, dit Valentin : voilà ce qui s'appelle parler en homme de sens. Soyez aussi impartial envers moi que vous venez de l'être pour ce pauvre diable de Carlos.

— L'audience dure depuis longtemps, reprit l'alcade. La suite du procès est remise à demain, et le tribunal statuera, sans désemparer, sur le sort des accusés. — Parbleu! s'écria Valentin, vous avez une furieuse envie de me faire pendre. Je m'attendais à finir comme cela; mais je ne croyais pas que ce fût pour avoir fait l'amour.

Les opinions étaient partagées dans l'auditoire. Les uns disaient qu'on ne pouvait refuser à l'accusé de vérifier les faits qu'il avait exposés; les autres prétendaient, et auraient affirmé, qu'un sorcier n'est jamais embarrassé, et qu'on n'en aurait pas brûlé un seul si on s'en était tenu à leurs dires. La discussion s'échauffait, et au moment où on allait reconduire les prisonniers au cachot, où on était prêt à se battre pour ou contre la sorcellerie, le supérieur des Dominicains calma l'orage par sa présence : elle commande toujours le respect en Espagne.

Sa Révérence entra, suivie de tous ses révérends, et remit au corrégidor une cédule du grand inquisiteur. Ce juge suprême revendiquait les prisonniers, et il investissait de tous ses pouvoirs ses respectables et chers frères d'Urgel. Magistrats, huissiers et spectateurs écoutèrent la lecture de la cédule, debout, les mains croisées sur la poitrine et la tête baissée. — Allons, dit Valentin, ce n'était pas assez d'être pendu; vous verrez que je serai brûlé pour arranger tout cela. Votre Révérence donne-t-elle au moins la tunique soufrée à ceux qu'elle expédie? — Sans doute, répond un des familiers qui s'emparaient du coupable. — A la bonne heure!

La cédule ne faisait mention que de Carlos. Mais il était bien certainement sorcier, et il n'était pas possible que ses compagnons ne fussent pas entachés de sorcellerie. Quand

Nos infantes sont sur le balcon (page 61)

on prend du galon on n'en saurait trop prendre, dit un vieux proverbe. D'après cet adage, le révérend fit emmener maître et gens. On arrêta, par ses ordres, les demoiselles que le corrégidor avait relâchées, et qui attendaient dans un cabaret le dénoûment de tout ceci. Il était évident, d'après l'opinion du grand casuiste Sanchez, que les prétendues demoiselles étaient autant de succubes. On conduisit la troupe comique tout entière, non dans les prisons du saint office, il n'y en a point à Urgel, mais dans sept ou huit chambres que le prévoyant supérieur avait fait solidement arranger pendant l'absence de son frère lai.

Pendant que l'on conduisait nos amis dans les chambres qui devaient leur servir de prison, le corrégidor et l'Alcade regagnaient leurs demeures :

— Croyez-vous qu'ils seront condamnés? disait le corrégidor.

— N'en doutez pas un seul instant, seigneur corrégidor, vous savez comme moi que la Très-Haute Inquisition ne pardonne jamais. Du reste, un exemple est devenu salutaire, et l'exécution de ces misérables produira le meilleur effet.

— En effet, les habitants d'Urgel se plaignent de n'avoir que trop rarement des auto-da-fé, et ils pourraient nous accuser de

ne pas veiller avec assez de rigueur aux ordres de la Très Sainte Inquisition.

— En prononçant ces mots, les deux magistrats se découvrirent et se signèrent dévotement.

— Il faut faire annoncer l'importante capture que nous avons faite, et promettre au peuple que la fête sera brillante le jour de l'exécution.

— Pardon, seigneur corrégidor, vous voulez dire brûlante sans doute.....

Nos deux hidalgos éclatèrent de rire à cette si spirituelle plaisanterie et se quittèrent pour rentrer chez eux.

A l'exception de Valentin, nos pauvres captifs marchaient tristement. Michel, qui avait souvent montré du caractère, laissait aller sa tête sur sa poitrine, et poussait de temps en temps des soupirs à attendrir des tigres. On assure que les inquisiteurs sont plus impitoyables encore : c'est ce que je n'ai nulle envie de vérifier par moi-même.

Valentin regardait Michel d'un air de pitié. — Quand donc t'élèveras-tu à la hauteur des circonstances et apprendras-tu à braver la fortune? Il y a deux heures, nous devions être tous pendus; il semblait qu'aucune puissance

humaine ne pût nous tirer des serres du corrégidor; il
fallait l'inquisition pour opérer ce prodige. Sais-tu si
quelque être inconnu, inattendu, ne nous arrachera pas aux
griffes de l'inquisiteur? Je ne perdrai l'espérance qu'au dernier moment, et je monterai sur le bûcher, persuadé que
j'en dois descendre. Imite-moi si tu veux conserver mon
estime, et souviens-toi que tomber dans le découragement
est le moyen le plus sûr de ne pouvoir rien entreprendre.

Après cette courte harangue, qui ne produisit pas un
grand effet sur Michel et ses compagnons, on passa la première grille du couvent, qui se referma aussitôt, et nos
sorciers furent conduits séparément aux logements qui leur
étaient destinés. — Diable! dit Valentin en voyant sa chambre, il me semble que Vos Révérences ne renoncent au
monde que pour mieux s'en assurer les jouissances. Tudieu!
quel lit! quels fauteuils! quel linge! Je ne présume pas
que vous nous ayez mis dans vos plus beaux appartements;
comment sont donc décorés les autres! Ma foi, si votre
cuisinier vaut votre marchand de meubles, je n'aurai à regretter que la liberté, et je crois qu'on peut s'accoutumer
à vivre en prison, comme on s'accoutume à la migraine ou
à une sciatique. Envoyez-moi à dîner et copieusement, car
j'ai un appétit de moine. — Rira bien qui rira le dernier,
répondit un gros frère lui taillé en Hercule. — Parbleu,
je compte bien que ce sera moi. — C'est ce que nous
verrons.

On avait moins à redouter les entreprises des succubes
que des incubes. En conséquence, on avait pris moins de
précautions avec nos demoiselles. Vous savez que nos jeunes gens ont le goût délicat, et ils avaient fort bien choisi
leurs compagnes de voyage. Une jolie femme inspire toujours une sorte d'intérêt, et on avait logé celles-ci dans le
grand dortoir. Les révérends voulaient être à portée de
s'assurer à chaque instant du degré d'intimité où elles
étaient avec le diable.

CHAPITRE VIII

Très court, mais fertile en événements : Un fluide magnétique
comme on n'en a jamais vu et comme on n'en verra jamais.
— Fin imprévue des questionneurs. — Entente cordiale de
moines et d'avenantes sorcières, au fond d'une citerne. —
Valentin et ses compagnons, devenus de séduisantes sénoras,
quittent Urgel en grande hâte pour aller implorer Santa Julia,
patronne des filles à marier.

Valentin fut servi pendant toute la journée aussi substan-
tiellement qu'il l'avait désiré. Les bons pères vivent très
bien, pensait-il, car enfin il n'est point présumable qu'on
fasse d'ordinaire à part tout exprès pour moi. Le souper
répondit au premier repas. Mais la digestion pouvait en
être pénible. A l'entrée de la nuit, quatre estafiers vinrent
prendre notre héros dans sa chambre et le firent descendre
dans les caves du couvent. On sait que les ténèbres inspi-
rent toujours une sorte de terreur, et on avait décidé que
le supplice du sorcier en chef commencerait dès ce
moment.

Deux torches funèbres éclairaient ces vastes caveaux, et
laissaient entrevoir le père supérieur assis dans un vaste
fauteuil. Il avait devant lui une table, sur laquelle on avait
placé du papier, de l'encre et des plumes. Un moinillon
attendait que l'accusé parlât pour écrire ses aveux ou ses
dénégations.

Dans l'enfoncement était un chevalet auquel on avait
adroitement adapté les poulies et les cordes du puits, une
roue de la charrette du pourvoyeur, et auprès on avait mis
en évidence la masse et les coins du fendeur de bois de la
maison.

Le père supérieur prit le ton mielleux, usité en pareille
circonstance. — Allons, mon frère, confessez vos crimes,
et ne nous forcez pas à employer les voies de rigueur. —
Quel crime voulez-vous que je confesse? Je n'en ai commis
aucun. — Prenez garde, mon frère. Votre endurcissement... — Son frère! Vous êtes mon frère comme Caïn
était celui d'Abel. — Votre endurcissement m'arrache des
larmes. — Eh bien! pleurez à votre aise. — Mais je ne
peux m'empêcher de vous faire appliquer à la question. —
Oh! ceci devient trop fort! Pour la première fois de sa vie,
Valentin fut frappé d'un sentiment de terreur qui ne lui
permit pas d'ajouter un mot, et vous conviendrez qu'on
aurait peur à moins.

Son silence fut considéré comme une preuve nouvelle de
sa diabolique opiniâtreté, et l'ordre fut donné de le saisir
et de l'attacher sur le chevalet. Si la vue du supplice
l'avait effrayé, son approche lui rendit ses forces et sa réso-
lution. L'idée la plus heureuse, la plus nouvelle, la plus
hardie, la plus inconcevable, jaillit à l'instant de son cerveau créateur. Suivez-le, messieurs, et vous connaîtrez
enfin l'homme dont je vous raconte la mémorable histoire.

Deux satellites du saint-office l'avaient saisi par-dessous
les bras; un troisième le poussait par derrière; le quatrième tenait le redoutable levier qui devait serrer les
cordes et trois set disloquer ou rompre les membres délicats
de Valentin. Tout à coup notre héros, si digne de ce nom,
s'élance à deux pieds de haut et s'écrie : — A moi, frère
Ambroise! Il laisse tomber ses deux mains d'aplomb sur
les crânes de ses adversaires de droite et de gauche. Une
violente énergie de volonté les jette dans un profond sommeil. Il se tourne aussitôt vers celui qui s'était emparé de
son postérieur. Il le prend par l'enfourchure et le jette, la
tête en bas, sur le bureau de l'auguste tribunal. Le quatrième, terrifié, laisse tomber son levier. Valentin s'élance;
il s'arme. Il a vu dans l'Avocat patelin que les coups à la
tête sont dangereux en diable, et il frappe à tour de bras
sur les chefs tondus ou chevelus jusqu'à ce qu'il n'ait plus
rien à redouter de leur industrieuse imagination.

Assis sur le gros ventre du père supérieur, il réfléchit à
sa position. Il me semble voir le révérend père Jean de
Montfront ayant assommé son père gardien, l'ayant jeté
dans une chaudronnée de tripes, et délibérant sur le parti
qu'il allait prendre.

— Il est constant, se dit Valentin, qu'on ne m'appliquera
pas à la question cette nuit. Mais il ne suffit pas de la vain-
cre; il faut savoir profiter de la victoire. Que vais-je faire?...
C'est cela... Oui... Non, non, point de demi-mesure.
Il faut périr ou triompher complètement. Mon plan est
arrêté.

Il se lève; il fait un tel effort, il comprime tellement le
ventre de feu Sa Révérence, que le dieu Crepitus des Ro-
mains, qui sans doute s'était logé dans ses entrailles, s'é-
chappe avec une détonation qui fait trembler les voûtes.

souterraines. Valentin prend la lanterne sourde du gros père, et compulse les papiers qui sont sur le bureau. Il trouve la cédule du grand inquisiteur et il la met en lambeaux. Il voit toutes les pièces de la procédure commencée par le corrégidor, et il en fait un *auto-da-fé*. Un trousseau de clefs lui tombe sous la main, et il le met dans sa poche. Il craint les revenants, et il distribue encore quelques coups de levier à droite et à gauche. Il charge sur son épaule les cordes et les ficelles destinées à la torture. La lanterne dans une main, les clefs dans l'autre et le levier sous le bras, il s'approche de la porte, il essaie une, deux, trois clefs. Il ouvre enfin, et s'avance sans bruit vers le dortoir où étaient sa chambre et celles de ses compagnons.

Il eut de la peine à pénétrer dans la première, et il reconnut bientôt que toutes s'ouvraient avec la même clef. En moins de dix minutes, ses camarades sont habillés et armés de leurs couteaux de table. Il ne restait plus qu'un obstacle à surmonter : il fallait s'assurer des Révérences dormantes et les mettre dans l'impossibilité de nuire. Mais dans quelle partie de la maison logent-elles, et comment faire pour les surprendre?

— Cherchons et nous trouverons, dit Valentin à voix basse. On marche sur le bout du pied; on retient son haleine, et la pointe du couteau menace déjà des ennemis qu'on ne voit pas encore. On monte, on descend, on tourne, on revient... on entend des ronflements qui annoncent une digestion pénible; on s'arrête, on veut tenir conseil.— En avant, dit Valentin, et il lève son redoutable levier. On aperçoit deux gros frères, auprès de qui on a déjà passé dix fois, et qui sont là pour veiller sur les prisonniers. L'intempérance a livré ces vedettes à leurs ennemis. — Ne versons pas de sang sans nécessité, dit Valentin, et il éveille les deux frères à grands coups de pieds dans le derrière. Ils se frottent les yeux, et ils les ouvrent pour voir les pointes des couteaux fixées sur leurs poitrines. — Si vous jettez un cri, vous êtes morts, leur dit Valentin. Il déroule ses cordes; il fait mettre les deux frères dos à dos; on les ficelle comme des carottes de tabac. La peur est laxative, et ici elle précipite les digestions. Valentin demande, en se bouchant le nez, où sont les chambres des révérends et des sorcières. Quand il a obtenu les éclaircissements qu'on ne peut refuser à sa manière d'interroger, il fait bâillonner les deux frères, et il marche à de nouveaux exploits.

Il met deux de ses camarades à chaque bout du dortoir, il prend Michel avec lui, et il va de chambre en chambre à l'aide de son passe-partout. Il intime l'ordre absolu de se taire, et il porte tous les vêtements au milieu du corridor, parce qu'il sait que des hommes nus sont hors d'état de se défendre. — Quelle manie, dit-il à Michel, ont donc ces moines de coucher deux par la chaleur qu'il fait! En y regardant de plus près, il s'aperçoit qu'il existe entre les camarades de lit des différences frappantes; il retourne aux vêtements qu'il a entassés dans le dortoir, et il reconnaît ceux de nos sorcières. — Ah! ah! dit-il, messieurs, vous avez deux poids et deux mesures! Vous vouliez nous faire griller comme sorciers, et vous jouez avec ces dames à mettre le diable en enfer! Allons, debout, et qu'on réponde brièvement et avec clarté aux questions que je vais faire.

Il relève les postes qu'il a établis aux deux bouts du dortoir, et, le couteau en arrêt, on rassemble Leurs Révérences. — Combien avez-vous de frères lais dans cette maison? — Quatre. — Où sont-ils? Il y en a deux en sen-

tinelle... — Et les autres? — Ils sont couchés dans ce bâtiment que vous voyez, au clair de la lune, là, par la fenêtre. — Lequel de vous est le père procureur? — C'est moi. — Où est la clef de la caisse? — La voici.

— Mes amis, trois d'entre vous vont aller prendre les deux frères que nous venons de garrotter. Vous les forcerez à vous conduire à la chambre des deux autres, que vous surprendrez au lit. Vous les envelopperez dans leurs draps, et vous les serrerez de manière qu'ils ne puissent remuer ni bras ni jambes. Vous leur ôterez la parole avec leurs mouchoirs, et vous aurez soin de ne pas bourrer la bouche jusqu'à suffocation. Si vous éprouvez de la résistance, jouez des couteaux.

Trois membres de la société se détachent, et Valentin, le levier en l'air, prie Leurs Révérences de s'asseoir les unes contre les autres. Bientôt les camarades reparaissent et ils apprennent à leur chef qu'ils ont découvert une vieille citerne sèche et profonde, d'où cinquante matous réunis ne pourraient se faire entendre de personne. Les quatre frères, soumis et tremblants, y sont descendus à l'aide des draps de lit; et, comme il faut avoir pitié de son prochain, on a jeté les draps après eux. Il doit résulter de cette mesure que, lorsqu'on les tirera de là, ils pourront paraître dans un état décent, quoique assez burlesque.

— Y a-t-il encore de la place dans la citerne? demanda Valentin. — On y mettrait une compagnie de grenadiers tout entière. — Allons, que chacun de vous prenne les draps et se dispose à aller joindre les deux frères. Le cortège se met en marche, à l'exception du père procureur, dont Valentin s'est emparé. Il le conduit à la caisse, et il lui prouve clairement que sa troupe ne peut voyager sans argent. Il rappelle qu'il en avait gagné beaucoup et qu'on le lui a injustement ravi. Il termine ses observations en disant qu'il est permis de reprendre son bien où on le trouve. Le père procureur aurait pu répliquer que l'argent que Valentin allait prendre n'était pas celui qu'on lui avait volé; mais il savait qu'il est inutile de raisonner quand on n'est pas le plus fort, et il se soumit.

Valentin sentait la nécessité de marcher lestement en sortant de la communauté. En conséquence, il dédaigna l'argent blanc, il garnit ses poches d'or, et continuant de brandir son levier sur la tête du procureur, il le conduisit à la citerne et lui ordonna d'aller joindre ses confrères.

Nos aventuriers, n'ayant plus d'ennemis en présence, remontèrent au dortoir. Auda, Isaure et les autres, bien éveillées et revenues de leur première surprise, jurèrent que leurs complaisances pour les révérends n'avaient eu d'autre objet que de captiver leur bienveillance et de garantir leurs amants du fagot. — Bah! dit Valentin, une infidèle convaincue a toujours des raisons à donner. Bien dupe qui les écoute. Mais ce n'est pas de cela qu'il s'agit. Sommes-nous maîtres de tous nos adversaires? Sois vraie, Auda, comptons. Le supérieur, six moines, quatre frères lais et quatre gredins morts ou entassés dans la citerne, est-ce bien tout? Auda, pour preuve de sa véracité, avoue qu'elle et ses compagnes étaient si bien avec les Révérences qu'elles en avaient reçu la permission d'aller partout, excepté pourtant dans le dortoir, où étaient détenus les sorciers. Elle assure que les commensaux de tous les grades viennent d'être désignés, et les estafiers qui gisent dans la cave sont bien le cuisinier et ses marmitons. Auda les reconnaît au signalement qu'en donne Valentin. Il est démontré que nos jeunes gens n'ont plus d'ennemis à combattre.

— Expliquons-nous maintenant, dit notre héros. Je suis persuadé que l'inquisiteur et sa séquelle avaient pour vous des charmes secrets, qui vous ont promptement fait oublier le peu que nous valons. La tolérance est ma vertu favorite, et je ne veux pas contraindre vos inclinations. Si vous avez un goût décidé pour la vie claustrale, descendez dans la citerne; il y a encore de la place pour vous. Si au contraire vous voulez partager notre bonne ou mauvaise fortune, vous nous suivrez.

Ces dames hésitèrent, balbutièrent, et Valentin sentit que le bien-être présent l'emportait sur des espérances fort incertaines. On conduisit ces dames à la citerne. Elles voulaient avoir leurs habits, et Valentin répondit que Vénus sortit nue du sein de la mer; que ces dames ne pouvaient avoir de plus brillantes parures que leurs attraits et que, lorsqu'on va se réunir à des amis très intimes, on ne doit pas faire de mauvaises difficultés.

La bougie qui brûlait dans la lanterne sourde du père supérieur allait finir. On allume celles qu'on trouve dans les chambres des révérends. Valentin rase ses moustaches naissantes, et ses compagnons suivent son exemple. Il prend les habits d'Auda, qui ne lui vont pas très mal, et les camarades se transforment en jeunes filles. Pour masquer la gaucherie ordinaire à de jeunes gens en corsets et en jupons, on se fait de grands voiles avec les robes des révérends qu'on coupe en quatre. On prend ce qu'il reste de cordes, et on sort en toute hâte du couvent, dont on a grand soin de refermer les portes. On n'a pas un moment à perdre : le soleil va dorer l'horizon. On connaît parfaitement la ville, et on sent bien qu'on n'en peut sortir par la porte. On monte sur les remparts; on s'arrête devant une embrasure de canon; on y fixe le levier en travers; on y attache une bonne corde, et nos six demoiselles se laissent glisser dans le fossé. Depuis l'avénement de Philippe V au trône, les fortifications d'Urgel sont inutiles et ne valent pas mieux que celles de Saint-Quentin. Nos coureurs les traversent facilement; ils marchent sans s'arrêter jusqu'à Santa Julia, village situé sur la route de France. Ils entrent dans un cabaret, et ils se consultent sur ce qu'il convient de faire pour se mettre en sûreté.

Santa Julia remplit en Espagne les fonctions dont nous avons chargé saint Nicolas en France; c'est elle qui marie les jeunes filles, et celles à qui un certain je ne sais quoi dit qu'un joli garçon est bon à quelque chose vont par troupes en pèlerinage à la chapelle de la sainte, et trouvent quelquefois en route ce qu'elles ont en vain cherché dans leur *endroit*.

CHAPITRE IX.

Nos aventuriers apprirent ces particularités de quatre muletiers qui buvaient dans ce cabaret d'un joli petit vin qui sentait le bouc à pleine bouche. Nos demoiselles voilées piquaient singulièrement leur curiosité. Leur imagination leur prêtait des charmes, que bien certainement elles n'avaient pas. Après une conversation générale, qui avait amené les détails que je viens de vous communiquer sur le genre de service que rendait la sainte, vinrent des questions plus directes. Valentin répondit qu'elle et ses compagnes étaient lasses du célibat; qu'elles venaient de Forja del Serral, et qu'elles y retourneraient aussitôt après avoir imploré l'assistance de la sainte. Or, ce village de Forja del Serral est à l'extrême frontière d'Espagne, sur la route d'Ax. Admirez, je vous prie, avec quelle adresse notre héros tire parti des moindres circonstances.

Les muletiers demandent la permission de boire aux maris que les signoras ne manqueront pas de trouver bientôt, et les filles les plus réservées ne refusent pas une marque de politesse. Les muletiers s'approchent, le verre à la main. Le moyen de ne pas trinquer? Mais pour boire, il faut écarter son voile, et les muletiers ont l'œil perçant. Ceux-ci s'écrient que si d'aussi jolies personnes ne sont pas mariées, ce n'est pas la faute de santa Julia, et que sans doute elles ont fait quelques fredaines qui les ont rendues indignes de ses bontés. — Il n'y a, ajoutent-ils, que le premier pas qui coûte, et les gens de notre métier ont une réputation qui adoucit les plus sévères. Là-dessus, ces messieurs prouvent qu'ils ont les mains aussi actives que l'imagination. Nos demoiselles jouent l'indignation à ravir, et, à cheval sur leur vertu, elles chargent les muletiers. Les soufflets pleuvent de toutes parts, et résonnent si bien sur les joues arrondies et rubicondes des assaillants, que l'hôte, frappé du bruit, entre dans la chambre armé de son escopette, et menace de tirer sur ceux ou celles qui ne s'asseoiront pas à l'instant. Les demoiselles, certaines que l'explication doit tourner en leur faveur, obéissent aussitôt et prennent un air modeste qui enchanté l'hôtelier et qui leur tient lieu du plus éloquent plaidoyer. Il ajuste les quatre muletiers l'un après l'autre, les force à se replacer sur leurs bancs vermoulus, et les harangue avec cette chaleur et une force de logique qu'il devait sans doute au vif intérêt que lui inspirait la beauté outragée. Il représente que des muletiers et des vierges fatiguées de l'être ont bien quelques rapports sous un certain aspect, mais qu'ils sont diamétralement opposés sous les autres; qu'être lasse de sa vertu n'est pas vouloir en faire le sacrifice à des inconnus; qu'il devait la prospérité de son hôtellerie aux jeunes signoras que la sainte attire en ces lieux; que, si la beauté cessait de trouver chez lui un asile sûr, elle s'éloignerait de son toit hospitalier; qu'enfin le plus ardent des muletiers trouve dans toutes les auberges d'Espagne des servantes choisies exprès et dont l'amour du prochain n'a jamais connu de bornes.

Le discours de l'hôte et l'aspect de l'escopette toujours menaçante avaient calmé les têtes jusqu'à un certain point. Mais, pendant que l'orateur parlait, sa femme, très prévoyante, avait été chercher l'alcade, son compère, son cousin et peut-être quelque chose de mieux. Les magistrats subalternes tiennent à leurs fonctions en raison inverse de leur peu d'importance. Celui-ci commença une instruction dans toutes les formes. Après avoir ouï les parties plaignantes, et n'avoir omis aucune des tentatives faites par des mains audacieuses, il interrogea les délin-

quants, qui répondaient à toutes les questions : *La nature!*
la nature! et toujours *la nature*. Ici, Valentin s'approche
du juge du village et lui glisse une pièce d'or dans la
main.

Le juge prend aussitôt un air rébarbatif et répond d'un
ton aigre : — Apprenez, mes drôles, que la nature est une
sotte, quand elle fait faire des sottises. En réparation des
vôtres, vous reconduirez *gratuitement* les dames que vous
avez outragées jusqu'à Forja del Serral, leur patrie, ou je
confisque vos mules à leur profit. — Mais, seigneur alcade... — Silence ! Et pour les garantir de vos insultes
pendant la route, j'ordonne que, de ce moment à celui du
départ, vous ne boirez que de l'eau et vous ne mangerez
que de la salade. Je défends très expressément à votre
hôte, mon compère, de vous fournir d'autres aliments, et
je lui enjoins de veiller exactement à ce que vous n'en
alliez pas chercher ailleurs. Si vous transgressez le moindre
des articles de mon jugement, j'informe criminellement
contre vous, et je vous fais traduire dans les prisons
d'Urgel.

Pendant l'énoncé du jugement, Valentin regardait Michel, et il lui disait des yeux : Tu vois comme tout s'arrange ; douteras-tu à l'avenir de quelque chose ! Va, sois,
ainsi que moi, un garçon sans souci ; et, s'adressant au
petit magistrat : — Seigneur alcade, lui dit-il, je vous prie
de nous donner une expédition du jugement pour que ces
muletiers n'aient rien à nous demander lors de notre
arrivée à Forja del Serral. — C'est trop juste, répond l'alcade. Et il expédie la pièce qui doit remplacer le passe-
port que le corrégidor d'Urgel a délivré un mois auparavant à Valentin et qui est resté au greffe : c'est dans cette
seule vue que notre héros a demandé l'expédition du jugement.

Enchanté d'avoir mis en évidence les hautes préroga-
tives de sa charge, très satisfait du procédé de la vierge
pudibonde, qui a grassement payé sa vacation, le magistrat se retire après avoir fait à son auditoire un salut de
protection. Alors commencèrent les interpellations, l'abju-
ration de toute abomination, les promesses de conversion,
les mouvements d'effusion, les intercessions et les suppli-
cations de MM. les muletiers. — Allons, allons, leur dit
Valentin, le fille la plus sage n'est jamais fâchée de plaire,
même à l'homme qu'elle ne peut pas aimer. Nous oublie-
rons vos impertinences si vous vous conduisez bien pendant le voyage, et nous vous payerons largement quand
nous serons arrivés. Vous pouvez même ne pas observer
rigoureusement le régime que vous a prescrit le seigneur
alcade ; nous nous promettons de ne rien voir. — Oh ! les
aimables, les vertueuses dames ! dit un des muletiers. Mais
tiendrez-vous réellement ce que vous nous promettez ? —
Voilà six piastres à compte, dit vivement Valentin. Nous
allons à la chapelle de la sainte, et nous partons à l'instant. Il faut absolument nous montrer là pour la forme,
souffla-t-il bien bas à ses camarades.

Les muletiers, rendus à toute leur gaieté, courent arranger leurs mules ; ils tiennent respectueusement l'étrier à
des dames qui payent aussi bien qu'elles appliquent des
soufflets ; le cortège se met en marche, et les filles du village ne manquent pas de prier ces demoiselles de les recommander à la sainte, qui jusqu'alors n'a pas jugé à
propos d'exaucer leurs vœux.

Vous souvenez-vous que l'âme damnée du corrégidor
d'Urgel a au village d'Aranza une sœur et deux nièces âgées
de quarante ans, et qui, de leur vie, n'avaient pensé à la
bagatelle !

Tôt ou tard, a dit je ne sais quel auteur, il faut payer le
tribut à la nature. Nos vieilles filles, étonnées, confondues
de mouvements intérieurs qu'elles n'avaient jamais connus
cherchèrent à se confier l'état, tout nouveau pour elles, où
le diable probablement venait de les mettre, et quand deux
personnes qui veulent se faire des confidences sont toujours
nez à nez, l'explication ne peut tarder à avoir lieu. L'aînée
mit la main de sa sœur cadette sur son cœur, et la cadette
appliqua celle de l'aînée sur le sien. Elle se regardèrent, et
un soupir brûlant s'exhala à la fois de leur sein. Elles se
tournèrent vers un petit miroir, et elles s'y regardèrent
avec complaisance. — Nous ne sommes plus de la première
jeunesse, dirent-elles toutes deux à la fois ; mais nous
sommes très-bien conservées. Elles étaient aussi laides à
quarante ans qu'elles l'avaient été à quinze. — Nous pouvons encore faire le bonheur d'un honnête homme, et je
sens qu'un honnête homme m'est nécessaire. Mais nous ne
dérogerons pas à la vertu, que nous avons professée jus
qu'ici, et santa Julia nous en doit la récompense. Allons à
lui demander, et nous cesserons de languir sur notre couche solitaire. — Mais, ma sœur, convient-il à de jeunes
personnes d'aller seules en pèlerinage ! — Ah ! grand Dieu !
que dirait-on de nous ? — Il faut que maman nous accompagne. — D'ailleurs, elle ne peut garder seule cette petite
Séraphine... — Dont les principes me paraissent très équi-
voques. — Nous l'emmènerons avec nous. — Elle cher-
chera à nous échapper. — Nous ne la perdrons pas de vue
un moment.

Désir de fille est un feu qui dévore.

Je crois avoir déjà dit cela quelque part. N'importe, je
le répète en faveur de l'à-propos. Dès le soir même, nos
pucelles de quarante ans font part du projet qu'elles ont
conçu à leur respectable maman. Maman répond qu'elle
sera enchantée de se voir renaître dans de petits enfants,
et on notifie à Estelle qu'elle ait à être prête pour le lendemain matin. Estelle répond qu'elle n'a rien à dire à santa
Julia. On lui réplique qu'elle ne peut mieux faire que de
demander le seigneur corrégidor d'Urgel pour époux, et
qu'elle sera trop heureuse de voir ses vœux exaucés. Estelle reprend la parole, et dit qu'elle n'en forme aucun sur
cet entêté et méchant vieillard. La conversation s'échauffe ;
les vieilles ordonnent ce qu'elles avaient d'abord demandé
avec assez de douceur ; leur ton indique que les gestes ne
tarderont pas à suivre les paroles : Estelle, totalement subju-
guée, promet d'obéir.

Elle pensait, en se couchant, que le petit voyage qu'elle
allait faire romprait l'uniformité de la vie ennuyeuse qu'elle
menait à Aranza. Elle dormit d'un sommeil tranquille ; elle
se leva gaiement, et parut belle et fraîche, au point de dé-
sespérer toute femme qui aurait eu moins de vanité que
nos trois vieilles.

On se mit en route. Les demoiselles surannées se donnaient des airs enfantins à faire mourir de rire. Tantôt
elles folâtraient sur le gazon ; tantôt elles chantaient en
chevrotant la plaintive romance : on aurait juré que santa
Julia allait faire pleuvoir des maris.

En faisant les enfants, elles n'oubliaient pas celle dont la
garde leur était confiée. Estelle était toujours placée entre
elles trois, et la force de leurs jarrets répondait à celle de
leurs bras carrés. D'ailleurs, où aurait été la petite ? À
Urgel, où elle soupçonnait que son amant était encore ?

Ne serait-elle pas retombée dans les mains du corrégidor? Pouvait-elle penser à rentrer en France? Elle ne possédait pas un réal. Elle n'avait qu'un parti à prendre: c'était d'espérer et d'être patiente. Telles étaient en effet ses dispositions, quand on arriva chez la sainte.

Ô jour heureux! jour dont la mémoire doit être éternellement conservée! C'était celui, c'était l'heure, le moment où Valentin et ses compagnons jouaient les filles à marier. La mère Léonarde, Caliste et Ursule étaient exactement voilées; elles voyaient tout juste autant qu'il le fallait pour se conduire. Elles n'avaient pas manqué de couvrir d'un tissu épais les charmes d'Estelle. Mais la curiosité, très ordinaire aux jeunes filles, avait un peu dérangé le voile de celle-ci; peut-être un sentiment d'amour-propre avait conduit sa main. Quoi qu'il en soit, tout un côté de cette figure charmante était à découvert, et c'était celui que Valentin pouvait voir.

Sa position n'était pas faite pour lui inspirer de la sécurité. Son œil actif se portait furtivement partout, à travers l'ouverture du lambeau de la robe d'une des Révérences d'Urgel, qu'il dérangeait à chaque instant. Tout à coup il est saisi d'étonnement; il regarde; il doute; il croit être frappé d'une illusion; il regarde encore; il ne sait s'il veille; il s'interroge sur la réalité de ce qu'il voit; bientôt il est convaincu. Il a retrouvé Estelle et le tendre amour qu'elle lui a inspiré.

Mais que fait-elle là, et avec qui y est-elle? Elle ne peut voyager que par les ordres du corrégidor: elle doit être gardée à vue. Si pourtant elle s'était échappée de la campagne du vieux reître!... Quelle raison aurait-elle de passer en pèlerinage un temps qu'elle pourrait mieux employer?... Mais lui-même n'est-il pas pèlerin, et est-il possible à Estelle de deviner ses motifs? Elle peut donc avoir les siens, bien qu'ils paraissent impénétrables. Mais comment s'approcher d'elle sans donner des soupçons? Comment lui parler sans s'exposer aux tristes effets d'un premier moment de surprise? Cependant l'occasion est unique, elle est précieuse; il est impossible de la laisser échapper. Telles étaient les idées qui se succédaient avec rapidité dans la tête de Valentin.

Il avait été assailli, en entrant, par des marchands de brimborions, qui fourmillent aux portes de ces sortes de lieux. Oraisons contre la migraine, contre les maux d'estomac, que se donnent assez volontiers les fillettes, contre la stérilité, contre les fausses couches, etc. On y trouvait tout, et Valentin avait fait de cela une assez bonne provision sans en prévoir l'utilité. Il se remet sous son voile; il détache les lettres majuscules, avec le bout du doigt et un peu de salive, il les arrange sur la couverture d'un des livrets; et il a écrit: Valentin est près de vous, peut-il se faire connaître? Il dit quatre mots à Michel, et Michel prend le livret. Il fait une station devant chacun des ex-voto que la reconnaissance a suspendus aux murailles; il arrive enfin auprès d'Estelle, agenouillée sous un portrait, ressemblant ou non, de saint Ildephonse. Il touche légèrement le coude de la petite; elle se tourne de son côté; elle a reçu le livret.

A son tour, elle se renferme sous son voile; elle lit; elle tressaille, elle se sent mourir de plaisir. — Possédez-vous, lui dit tout bas Michel en se frappant la poitrine et en fixant l'image du saint. — Cette nuit, chez la dame Léonarde, à Aranza, lui répond Estelle d'une voix défaillante, et elle tombe privée de sentiment.

Léonarde et ses filles n'ont rien entendu, bien que leur rosaire tombât presque sur les talons d'Estelle. La mère était à peu près sourde; Caliste et Ursule étaient exclusivement occupées des maris qui tiendraient, sans faute, le soir ou le lendemain. Or, vous savez que, lorsque nous sommes fortement préoccupés, nous n'entendons que très machinalement ceux qui parlent haut autour de nous.

Cependant Estelle, en se renversant sur les genoux d'Ursule, la tire de sa douce rêverie. Cette fille s'empresse de la secourir et Michel de lui aider. Léonarde et Caliste prodiguent aussi leurs soins, et Michel a entendu répéter: Ma fille, maman, et ma fille. Il sait que la vieille dame est mère des deux infantes qu'il a sous les yeux.

Valentin a tout vu. Il sent qu'il n'a plus rien à redouter des effets de la surprise; il s'approche, et ses camarades le suivent. On fait sortir Estelle, et Michel propose de la mettre sur une de ses mules et de la reconduire chez elle. La proposition est acceptée, à condition que les trois dames auront aussi leur monture, et qu'elles accompagneront leur nièce. Elle trouve partout des oncles et des tantes, pensait Valentin. Passe pour les tantes, mais celles-ci m'ont bien l'air de l'être de la façon du corrégidor: ce sont des duègnes. Lui et Dubreuil s'attachent à Léonarde et à Caliste; Michel fait sa cour à Ursule; les vieilles bénissent la sainte, qui, en attendant les maris, leur envoie de jeunes filles compatissantes aux peines de leur prochain. Chacune d'elles monte derrière un de nos aventuriers. Elles ont soin de placer Estelle au centre de la cavalcade, et elle est sur la croupe de la mule de Valentin. Son bras est passé autour du corps de son amant; elle sent battre son cœur, et sait qu'il ne bat que pour elle... Il le croit au moins, et cela revient au même.

Il était bien difficile, dans une telle position, de n'avoir pas envie de parler de ses amours. Mais comment faire? Léonarde est à la droite de la mule de Valentin; Caliste est à sa gauche, et Ursule la suit immédiatement. Elles ne soupçonnent rien, et cependant elles ont sans cesse l'œil sur Estelle: que serait-ce si un mot indiscret s'échappait et s'il était entendu? On cheminait donc sans rien dire, assis à côté les unes des autres, et les regards de ceux qui montaient certaine mule avaient un feu que la contrainte augmentait encore. Cependant, si des circonstances critiques ferment des bouches brûlantes de parler, vous savez de quoi, rien ne les empêche de s'ouvrir pour charmer un peu l'ennui du voyage.

Valentin se permit quelques plaisanteries, très honnêtes, très modestes sans doute, telles que doit les faire une fille qui se respecte. Ces dames trouvent que la signora a de l'esprit comme un ange; il leur adresse quelques questions sur le lieu de leur résidence, et elles y répondent avec ingénuité. Il n'avait pensé qu'à se rapprocher d'Estelle, et il ne s'était pas informé si son nouveau domicile était sur la route d'Urgel ou sur celle de France, ce qu'il importait cependant de savoir. Il apprend, à sa grande satisfaction, qu'Aranza est situé entre Santa-Julia et Forja del Serral, d'où on peut en une heure gagner les Pyrénées. Il sait qu'il ne fera plus un pas qui ne le rapproche de sa patrie. C'est fort bien; mais sur quel pied son amie est-elle chez la dame Léonarde? Quelle est la distribution de la maison? Y a-t-il des grilles partout comme dans celle du corrégidor? Estelle n'a pu entrer dans aucun détail avec Michel; on n'est convenu d'aucun signal à donner, soit à l'intérieur, soit à l'extérieur; il est absolument impossible de parler de rien de tout cela.

Valentin pensa un moment à piquer sa mule et à enlever

Estelle, au risque de tout ce qui pourrait en arriver. Des réflexions aussi rapides que son premier mouvement le retinrent. Il pensa que les vieilles crieraient; que le chemin était peuplé de gens qui allaient à Santa-Julia ou qui en revenaient; que peut-être on prêterait main-forte aux duègnes; qu'il faudrait alors se faire connaître comme garçons, et qu'on ne saurait pas pour qui se prononceraient les muletiers. Ils avaient, à la vérité, reçu des soufflets; mais ils les croyaient détachés par des mains féminines, et ils étaient de taille et de force à embarrasser singulièrement six jeunes gens sans armes.

En réfléchissant, en causant, en rêvant, on fait du chemin. Nos pèlerines et leurs conducteurs entrèrent à Aranza, où nos amants craignaient d'arriver : c'est là que probablement il faudra se séparer encore. En effet, la maison de la dame Léonarde est située au milieu du village, et l'alarme peut s'y répandre en un instant.

Caliste et Ursule poussant leur maman du coude. — N'engagerez-vous pas ces obligeantes pèlerines à se rafraîchir? L'invitation est aussitôt acceptée que faite; on saute à terre, on entre dans la modeste maison, et en un clin d'œil Valentin l'a parcourue. — Par ici! cria Caliste. — Par ici! répétait Ursule, et il était déjà revenu. Il avait reconnu la chambre d'Estelle et les barreaux de fer qui rendaient sa croisée inaccessible à tous les amants nés et à naître.

La limonade circule; on boit, on rit, et Valentin, qui cherche à gagner du temps, propose de jouer à de petits jeux que sa grand'maman a appris en France. Deux poulettes de quarante ans qui se disposent à se marier sont bien aise d'avoir les notions de tous les petits jeux possibles. La proposition est acceptée; on donne des gages, on les retire, on s'embrasse, et à chaque baiser Estelle saisissait un mot et en répondait un autre. Elle s'approchait insensiblement de la porte de la rue, et enfin elle en fut si près que la vieille Léonarde, qui était sourde, mais qui voyait très-bien, vit le moment où la tendre fauvette allait s'envoler. Elle court à la fugitive fillette; elle lui prend la main, la conduit à sa chambre et l'y renferme à double tour. Estelle, en sortant, n'a pu qu'adresser un regard à Valentin; mais qu'il était expressif! Après sa sortie, le jeu commença à languir, vous vous en doutez bien. Valentin remarqua que la nuit approchait; que lui et ses compagnes avait encore deux lieues à faire, et qu'elles ne voulaient pas s'exposer aux entreprises malhonnêtes que pourraient tenter des muletiers. Les vieilles, qui n'étaient pas fâchées de pouvoir s'aller coucher, répondirent qu'il n'y avait rien à répliquer à d'aussi bonnes raisons, et on se quitta très satisfait en apparence les uns des autres.

Nos jeunes gens étaient remontés sur leurs mules et ils cheminaient tristement. Quand Valentin n'était pas gai, tout languissait autour de lui. — Parbleu, lui dit Michel, tu t'affectes bien mal à propos. Je ne m'affecte pas; je cherche un moyen... — Je l'ai trouvé. — Quel est-il? — Retournons à Aranza. Va chez l'alcade, proteste contre la violence qu'on exerce sur la personne d'Estelle; demande qu'elle comparaisse, qu'elle déclare la vérité, qu'elle te soit rendue, qu'elle... — Mon cher ami, tu bats la campagne. Ce que tu proposes pourrait tout au plus s'exécuter si nous étions des personnages connus dans le canton; de ces personnages dont le crédit force les juges à être équitables. Loin de chercher à nous approcher de ces messieurs, nous devons les éviter avec le plus grand soin, garder le plus rigoureux incognito, nous estimer trop heureux si nous sortions de cette maudite Espagne. Nous devrons notre sûreté à ces habits de filles qui nous vont assez mal, à ces voiles qui nous tombent jusqu'aux pieds, et qui ont pu tromper l'alcade de Santa-Julia, qui ne nous a vus qu'assis et pendant une demi-heure. Ici il faudra être filles ou garçons. Si nous redevenons nous-mêmes, il nous faudra donner des raisons de notre travestissement; si nous persistons à passer pour filles, il faudra décliner nos noms, nos qualités, et que dirons-nous? Si notre déclaration a quelque vraisemblance, on fera une enquête qui prendra du temps; nos bras carrés, nos jambes longues, nos mouvements masculins nous décèleront; la supercherie sera découverte et nous serons réintégrés dans les prisons d'Urgel, qui ne me plaisent pas du tout. — Tu laisseras donc Estelle à la vieille Léonarde? — Non, ventre-bleu. — Et que feras-tu? — Je n'en sais rien.

La troupe allait entrer à Cobarrin lorsque tout à coup Valentin fit mettre pied à terre à tout le monde. Il rangea ses camarades en cercle et fait placer les muletiers dans le milieu. — Que gagnez-vous par mois? leur demanda-t-il. — Mais... mais... un quadruple chacun ou à peu près. — Je vous en donne vingt si vous voulez me servir fidèlement pendant le reste de la nuit. — Nous sommes tous à vous, signora. — Il n'y a plus de signora. Nous sommes six garçons déterminés et capables de nous venger de ceux qui tenteraient de nous trahir. Valentin arrache son voile, il détache son jupon, il délace son corset; ses camarades se déshabillent comme lui, et ils paraissent tous en culottes et en gilets.

— Parbleu! Pédro, nous étions bien dupés de vouloir chasser un pareil gibier! — C'est notre or qu'il faut désirer, qu'il faut gagner, mes amis. Et pour vous donner plus que des espérances, je vais vous compter la moitié de la somme que je vous ai promise. Les muletiers, éblouis, il faisait clair de lune, sautent, embrassent Valentin, embrassent ses camarades, et leur joie est le garant le plus sûr de leur bonne foi. — Connaissez-vous le pays? — Parfaitement, mes jeunes seigneurs. — Pour aller à Forja del Serral, est-il nécessaire de traverser Cobarrin? — Nous vous conduirons dans les Pyrénées sans vous faire passer par aucun village si vous le désirez. — Tu soupçonnes donc que nous voulons sortir d'Espagne? — Par Saint-Jacques! des jeunes gens qui s'habillent en filles, qui font des pèlerinages, et qui payent tout au poids de l'or ont bien leurs petites raisons. — Mais cela ne nous regarde point. — Pédro, dix carolus de plus quand nous serons à la frontière de France. — Tope, mon joli seigneur.

— Michel, affuble-toi d'une houppelande, d'une paire de guêtres et d'un chapeau de muletier. Prends un de ces bons enfants avec toi pour te servir de guide. Va à Cobarrin, achètes-y une guitare et ce que tu trouveras de mieux pour nous habiller en hommes. Cours et reviens, voilà de l'argent. — Si Vos Seigneuries n'étaient pas trop difficiles... — Eh bien! Pédro, que ferais-tu? — Nous trouverions dans le ballot que porte la dernière mule de quoi vous mettre notre uniforme sur le corps, et les muletiers vont passer partout sans être remarqués. — Bravo! bravo! mon camarade. Voilà un carolus pour ton conseil. Allons; je me fais muletier, et j'espère que ces messieurs ne seront pas plus fiers que moi. Mais la guitare! la guitare! il m'en faut une absolument.

Michel représente qu'il est un peu tard pour se présenter chez un luthier, si toutefois il y en a un dans le village. Valentin réplique qu'il y allait bien pour acheter des habits, et que les fripiers dorment comme les luthiers. Michel convient qu'il n'a pas fait attention d'abord qu'il est dix

heures du soir, et que... — Une guitare! te dis-je, une guitare! bonne ou mauvaise, je ne puis pas m'en passer.
Viens avec moi, Pédro ; Michel m'assomme avec ses réflexions.

Pédro représente à ses bons seigneurs qu'ils doivent être
fatigués, qu'une heure de sommeil ne leur fera pas de mal,
qu'il est sûr de se faire ouvrir tous les cabarets de Cobarrin, et q l'il n'est pas de paysan en Espagne qui n'ait des
castagnettes ou une guitare. Il promet positivement d'en
rapporter une. Valentin l'embrasse, il part. Notre héros
se couche sur l'herbe et il engage ses camarades à dormir.
— Pour moi, leur dit-il, j'ai autre chose à faire. Il prend
un de ses livres d'une main et la pointe de son couteau de
l'autre ; il regarde la lune, les étoiles ; il invoque Estelle et
sa muse, et avant le retour de Pédro il avait, tant bien que
mal, gravé sur le carton des couplets très peu dignes de
Virgile et d'Horace, dont il était le nourrisson. Vous en
jugerez plus tard.

— Parbleu! disait-il, quand il avait fini un couplet, il
est plaisant qu'un homme qui peut être pendu, brûlé demain, s'amuse à faire des chansons. J'ai vraiment une tête
à gouverner un empire. Les affaires publiques iraient assez
mal ; mais on rirait dans mes États, et c'est quelque
chose.

Michel s'éveille en sursaut. — Pédro est-il revenu? —
Non, laisse-moi chanter. — Il nous livre peut-être au moment où je parle. — Et à qui! Quelqu'un serait-il assez
sot pour nous acheter vingt quadruples! Nous ne les valons
pas. Le corrégidor seul serait disposé à faire des sacrifices,
mais il n'est pas à Cobarrin. Tiens, voilà des couplets que
j'ai faits et que nous chanterons en duo. — Où! — Je te
le dirai. — Sur quel air? — Sur celui des *Folies d'Espagne*. Lis. — Et comment veux-tu que je lise? — Il fait un
clair de lune superbe. Au reste, je vais te chanter les couplets. — Les paroles ne vont pas sur l'air. — En sais-tu
un autre qui soit espagnol? — Non. — Ni moi non plus. —
Il faut refaire ta chanson. — Bah! bah! on peut chanter
cinquante mesures sur un mot : vois nos finales d'opéras
comiques. Allons, répète après moi, puisque tu ne peux
pas lire.

Pendant que Michel prend sa première leçon, Pédro revient avec une guitare qui a la forme d'un sabot et le son
d'un chaudron. — As-tu payé cela plus de dix réaux? dit
Michel. — Elle ne m'en a coûté que quatre. — Tu es un
honnête garçon. — Mais j'ai été obligé d'en donner seize
au cabaretier, qui s'est marié hier et que j'ai singulièrement dérangé. — Fripon! — Finissons, finissons, s'écrie
Valentin. Michel, messieurs, regardez-moi faire et imitez-
moi.

Avec la jupe d'Auda, il se drape les épaules et le buste ;
avec le corset, il fait une espèce de turban, et les man-
ches frangées lui tombent sur l'oreille gauche avec une
grâce toute particulière ; la ceinture, coupée en deux, fait
des lacures au bas des jambes. En un quart d'heure nos
six jeunes gens sont transformés en Turcs, en Arabes, en
Maures, en tout ce qu'il vous plaira. — Quel est l'objet de
cette mascarade? demande Michel. — A cheval! répond
Valentin. — Pour aller où! — A Aranza. — Et qu'y
faire? — Tu le sauras. A cheval! à cheval!

On saute sur les mules. Les muletiers font un paquet
des uniformes de leur état qu'ils ont prêtés à nos jeunes
gens ; ils le rattachent sur le dos de la vieille mule ; ils se
disposent à suivre le cortège ; on se met en marche. De
Cobarrin jusqu'aux premières maisons d'Aranza, Valentin

fait chanter Michel, qui, tant bien que mal, fait sa partie.
On laisse montures et muletiers à l'entrée du village, et on
va droit à la maison de Léonarde. Valentin prend la guitare, dont il n'a pincé de sa vie, et, à la manière du comte
Almaviva, il s'accompagne avec le dos de la main : il est
impossible en Espagne de chanter sans guitare.

Michel et lui commencent ce duo sous le balcon de bois
de ces dames :

DUO

Voulez-vous goûter le bonheur ?	Oui, Caliste, par sa fraîcheur,
Adorez et charmez Ursule.	Charme toute la Péninsule.
Pénétrez jusqu'en sa cellule;	C'est le brillant renoncule
Mais soyez guidé par l'honneur.	Que garde la sévère sonneur.
Aux pieds de sancta Julia,	Aux pieds de sancta Julia,
Qui vous destina cette belle,	Qui pour moi forma cette belle,
Allez jurer d'être fidèle,	Je vais jurer d'être fidèle,
Assidu, tendre, et cætera.	Infatigable, et cætera.
Faites à ce timide agneau	Je veux faire à ce tendre agneau
Des enfants dignes de leur mère,	Des enfants dignes de leur mère,
Et de Madrid en Angleterre	Et de Madrid en Angleterre
On n'aura rien vu de si beau.	On n'aura rien vu de si beau.

Ursule avait été obligée de se lever, parce que la limonade donne quelquefois la colique. Dès les premiers *from,
from,* elle court éveiller sa sœur. — Caliste, Caliste,
écoute donc. Caliste se frotte les yeux, bâille, étend les
bras et se met sur son séant. — C'est une sérénade! ma
sœur, c'est une sérénade! — Et la première qu'on nous
ait donnée. — Mais est-elle bien pour nous?..... Oui.....
oui... — Certainement, très certainement. *Adorez et char-
mez Ursule...* — Caliste, par sa fraîcheur, charme toute la
Péninsule. Que cela est délicat! — *Aux pieds de santa Julia, je vais jurer d'être fidèle...* — *Assidu, tendre et cætera.* — Oh! que cet *et cætera* est expressif! O grande
sainte, que je vous remercie! — *Je veux faire à ce tendre
agneau des enfants dignes de leur mère.* — Ils veulent nous
faire des enfants, ma sœur. — Oh! qu'ils nous en faisent!
— Paraîtrons-nous à notre balcon? — Et comment ne pas
accueillir des maris que santa Julia nous envoie! — Bonne
sainte! — Excellente sainte!

Estelle aussi s'est éveillée. Elle a reconnu la voix de son
amant et elle a tressailli. Sans doute il ne peut aimer celle
à qui il paraît adresser ses vœux. L'amour a inspiré quelque ruse; il faut la seconder. La petite s'habille et se tient
prête à tout événement.

La croisée est ouverte; nos infantes sont sur le balcon.
Valentin et Michel, un genou en terre, leur débitent sans
rire les plus jolies choses du monde, et à la fin de chaque
phrase, les pauvres filles, mourantes de plaisir, s'écrient :
— C'est charmant! c'est charmant!

Valentin demande d'un ton tendre et soumis la permission de voir de plus près l'objet qu'il adore. Michel supplie,
le front courbé et les mains étendues vers le balcon. Les
vieilles brûlent de se rendre à leurs désirs, mais elles hési-
tent, elles balancent. Recevoir la nuit chez elles des hommes
qui ne sont pas leurs maris! — Ils le seront dans une
heure, répond Valentin. — Dans une heure, juste ciel!
dans une heure! est-il possible! Expliquez-vous plus clairement, charmants étrangers. — Nous pouvons être entendus
des voisins. De grâce, ouvrez-nous. — Faites au moins
éloigner vos écuyers. Vous voyez que ces demoiselles ont
lu des romans. Elles en lisent partout et elles n'en con-
viennent nulle part.

Ursule, sa lampe à la main et la clef de la chambre

ROMANS DE PIGAULT-LEBRUN

L'HOMME A PROJETS

PRIX : **75** CENTIMES. — ETRANGER ET PAR POSTE : **1** FR.

PARIS

A. DEGORCE-CADOT, LIBRAIRE-ÉDITEUR, 9, RUE DE VERNEUIL

ET CHEZ TOUS LES LIBRAIRES DE FRANCE ET DE L'ÉTRANGER

Paris. — Typ. Collomban et Rerlà, rue de l'Abbaye, 22

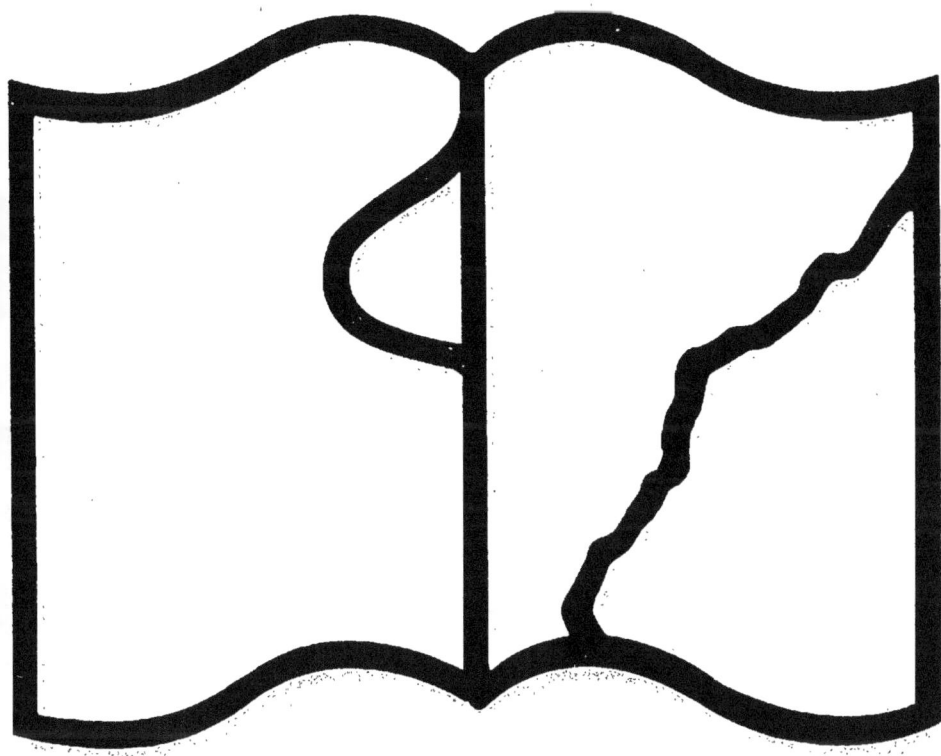

Texte détérioré — reliure défectueuse

NF Z 43-120-11